L'OR DU MANIÉMA

Du même auteur

La Contre-Révolution en Afrique
Payot, 1963, épuisé

Sociologie de la nouvelle Afrique
Gallimard, coll. « Idées », 1964, épuisé

Sociologie et Contestation, essai sur la société mythique
Gallimard, coll. « Idées », 1969

Le Pouvoir africain
Le Seuil, coll. « Esprit », 1973
coll. « Points », nouvelle édition revue et augmentée, 1979

Les Vivants et la Mort, essai de sociologie
Le Seuil, coll. « Esprit », 1975
coll. « Points », nouvelle édition revue et augmentée, 1978

Une Suisse au-dessus de tout soupçon
en collaboration avec Délia Castelnuovo-Frigessi,
Heinz Hollenstein, Rudolph H. Strahm
Le Seuil, coll. « Combats », 1976
coll. « Points Actuels », nouvelle édition, 1983

Main basse sur l'Afrique
Le Seuil, coll. « Combats », 1978
coll. « Points Actuels », nouvelle édition, 1980

Retournez les fusils ! Manuel de sociologie d'opposition
Le Seuil, coll. « Histoire immédiate », 1980
coll. « Points Politique », 1981

Contre l'ordre du monde : les Rebelles
(mouvements armés de libération nationale du Tiers Monde)
Le Seuil, coll. « Histoire immédiate », 1983
coll. « Points Politique », 1985

Vive le pouvoir ! ou les délices de la raison d'État
Le Seuil, 1985

La Victoire des vaincus, oppression et résistance culturelle
Le Seuil, coll. « Histoire immédiate », 1988
coll. « Points », nouvelle édition revue et augmentée, 1991

La Suisse lave plus blanc
Le Seuil, 1990

Le Bonheur d'être suisse
Le Seuil et Librairie Arthème Fayard, 1993
Le Seuil, coll. « Points Actuels », 1994

JEAN ZIEGLER

L'OR DU MANIÉMA

roman

ÉDITIONS DU SEUIL
*27, rue Jacob, Paris VIe*

ISBN 2-02-028325-5

« Si je ne réponds pas de moi,
Qui répondra de moi ?
Mais si je ne réponds que de moi,
Suis-je encore moi ? »

Le Talmud de Babylone

Tout dans ce roman est œuvre de fiction. La plupart des personnages, mouvements et événements décrits ici sont nés dans mon imagination. Seuls sont véridiques le cadre géographique et historique général du récit, et les acteurs dont le nom est connu de tous.
Quant à la ville d'Uvonia, inventée de toutes pièces, je l'ai située dans les environs de Kindu. Niangala aussi est un lieu imaginaire.

Le Congo-Léopoldville

PREMIÈRE PARTIE

I

Tous les mâles, vieillards et adolescents compris, avaient été arrachés à leur case bien avant l'aube, poussés à travers la place et ligotés aux arbres de la palmeraie au bord de la rivière. Les mercenaires les y battirent jusqu'au sang à coups de tige de bambou puis écrasèrent méthodiquement leurs cigarettes dans les plaies ouvertes. Au lever du soleil, avec une lenteur calculée, ils détachèrent les otages les uns après les autres et les reconduisirent sur la place.

Une vapeur dorée montait de la rivière Kapili, les premiers rayons frappaient les vitres de la mission toute proche et s'accrochaient aux hautes jarres disposées ici et là on ne savait pourquoi.

Le père supérieur de la mission de Niangala s'avança d'un pas pesant dans sa soutane blanche bordée de pourpre, suivi d'un jeune diacre métis qui portait le drapeau de la république du Congo et l'ostensoir renfermant les saints sacrements.

Sur un signe du colonel, le père supérieur s'approcha encore. Retirant ses lunettes cerclées d'écaille, il en nettoya péniblement les verres de ses mains tordues par l'arthrite. Puis sortit un papier de la poche de sa soutane et le lut d'une voix rocailleuse au lourd accent flamand : « Vous savez où se cache Marandura. Marandura est un assassin. Il se bat contre l'autorité. L'autorité tient son pouvoir de Dieu. Marandura lutte contre Dieu. Quiconque est avec Marandura est contre Dieu. Vous devez le dénoncer. Où est Marandura ? »

Quelques femmes se signèrent mais personne ne répondit.

Alors, deux soldats saisirent le premier otage sous les aisselles, un troisième le souleva par les jambes et une fois, deux fois, cinq fois, ils lui plongèrent la tête dans une des jarres. Un liquide jaunâtre, mêlé de vomissures et de sang, débordait sur le sol. Après chaque plongée, l'officier questionnait la victime. Certains jeunes l'injurièrent, les vieux serraient simplement les dents. Bientôt, aucun n'eut plus la force de réagir, tournant un visage défait vers le ciel.

Vint le tour d'un vieux berger dont personne ne connaissait l'âge. Lorsque, pour la sixième fois, l'officier l'arracha à la jarre, l'étendit par terre et s'agenouilla sur sa poitrine pour expulser l'eau, ses poumons rendirent un liquide puant et verdâtre. Puis ses lèvres s'agitèrent. Pendant quelques instants, une même attente unit les victimes et les bourreaux. Le vieillard marmonnait, mais nul n'entendait sa voix. Puis une convulsion saisit son corps décharné. Dans son visage jaune, puis violet, son regard vacilla. Un râle sortit de sa gorge. Avant que l'officier ait dégainé son revolver, le vieillard expira, un filet de sang au bord des lèvres.

Le père supérieur épongea ses cheveux roux coupés en brosse, feuilleta son bréviaire et lut rapidement la prière des morts.

Le soleil déjà haut plaquait sur la terre une lumière dure. Sur la place et dans la palmeraie pesait un silence suffoqué. Les tout-petits, gagnés par la terreur, s'agrippaient au pagne de leur mère ou se serraient les uns contre les autres.

Aucune des femmes n'ignorait que Marandura, fils de Dieudonné, le cuisinier principal de la mission de Niangala, était de retour au pays depuis quelques jours. Il était parti voilà plus d'un an sur les pistes du Nord rejoindre dans la jungle d'autres jeunes gens qui, disait-on, s'attaquaient aux contremaîtres blancs des plantations et incendiaient les postes militaires. Oui, Marandura était revenu avec ses compagnons, se cachant le jour, circulant la nuit parmi les cases. Deux fois déjà il avait réuni les adolescents du bourg.

Les militaires savaient que les rebelles se terraient dans les grottes de la vallée du Kapili, mais le mutisme du village les obligeait à fouiller la vallée, les crêtes, les pentes. Une opération longue, aléatoire et dangereuse.

Peu avant midi, arrivèrent les chiens, de robustes bergers allemands dressés à la chasse au Noir. Déployés en lignes, la truffe au sol, flairant la moindre piste, suivis des soldats, ils attaquèrent le fond de la vallée avant d'entamer les pentes de l'épais maquis de thuyas. Soudain, au milieu des aboiements, les longues laisses de cuir se tendirent aux abords d'un sentier. Les mercenaires talonnaient les chiens, le doigt sur la détente. La chasse s'arrêta dans un petit ravin à mi-pente. Quelques branches cassées, des herbes couchées, un tas d'épineux déplacé à la hâte devant une caverne : c'était là.

Les soldats exultaient. Un sous-lieutenant se pencha sur la fissure du rocher. Immédiatement fauché par plusieurs rafales, il tomba en arrière, le visage arraché. Plusieurs hommes et des chiens s'écroulèrent. Le reste de la troupe se mit à couvert derrière les rochers.

Le combat dura toute la journée. Le colonel, surpris par l'endurance des insurgés, dut faire appel à des renforts. Le camp de Goma envoya ses hélicoptères, pilotés par des conseillers américains, d'où jaillirent deux sections de mercenaires et une compagnie de supplétifs noirs. Chacun prit position sur la crête et dans la vallée.

Encerclés, pilonnés, Marandura et ses hommes refusaient de se rendre. Ivre de fureur, le colonel demanda qu'on amenât les femmes. Il en choisit cinquante, les lia par les mains les unes aux autres et les fit déployer sur une ligne d'environ cent mètres. Terrorisées, la pointe des baïonnettes dans les reins, elles grimpèrent lentement la pente. Le pourpre, le bleu, le jaune de leurs pagnes miroitaient sur le gris surchauffé de la pierre. A moins de vingt mètres de la caverne, le colonel fit arrêter les femmes et appeler l'interprète. Décomposé, Thomas Lusangi traduisit mot pour mot les ordres du colonel. Silence. Il s'apprêtait à reprendre le mégaphone quand une voix s'éleva de la grotte. Une voix chantante, celle des hommes du Nord-Est : « Si tu nous veux, viens nous chercher, ordure. »

La fusillade reprit aussitôt. Gêné par les femmes qui s'étaient couchées entre les lignes, le colonel ordonna leur évacuation. C'était clair : ni le sacrifice des femmes ni le siège des soldats ne viendraient à bout de ces exaltés. Il fit donc entasser sur la crête dominant la caverne tous les bidons d'essence disponibles et les lança dans le ravin. Les jerricans dévalèrent la pente, sautant de buisson en buisson, s'éventrant aux rochers. Une salve de balles explosives embrasa l'essence en quelques secondes. Le maquis ne fut plus qu'une mer de flammes. Un nuage lourd couvrit la vallée, dégageant une odeur de chair brûlée, d'essence et de poudre.

A travers la fumée, le colonel vit enfin un bloc se détacher de la grotte. Un homme en jaillit, puis un autre et un autre encore, flambeaux absurdes et magnifiques. Déjà le feu gagnait le fond de la caverne et l'entrepôt de munitions. Dans un tonnerre de fin du monde, le sol trembla et la grotte ne fut plus qu'un trou fumant dans le flanc meurtri de la terre.

L'opération avait parfaitement réussi : le village était terrorisé, et il ne restait rien de Marandura, de ses hommes, de ses armes.

II

Construit au confluent du Kapili et du Duru, surplombant leurs vallées, Niangala comptait environ sept mille habitants, appartenant en majorité au peuple des Wagénia. Sur la pointe du promontoire, la mission regroupait une église massive au toit de cuivre vert-de-gris, les bâtiments des prêtres et des sœurs, l'école, l'hôpital, un atelier de réparation de machines agricoles, un jardin potager et une ferme modèle où paissaient les zébus.

Plus loin, des cabanes en torchis semblaient jetées en désordre le long de l'unique rue pavée, légèrement surélevée pour permettre aux camions de traverser le bourg à la saison des pluies, entre Juba et les plantations de café de Kivu. Des deux côtés de la rue s'alignaient les boutiques des commerçants mauritaniens, vêtus d'amples boubous bleus, les bureaux des trafiquants libanais de diamants, les épiceries et les petits restaurants aux mains des Portugais, les magasins profonds comme des cavernes où des familles pakistanaises, indiennes et cingalaises vendaient des tissus vert tendre, rouges, violets, orange, dont les Congolaises faisaient leurs pagnes. Stelios, un Grec moustachu, tonitruant, tenait l'unique hôtel.

Le marché de Niangala, semblable à tous les marchés du Nord et du Nord-Est, se tenait deux fois par semaine, le vendredi et le dimanche. Assises à même la terre rouge, les paysannes offraient leurs petits tas de fourmis grillées et de chenilles fumées, des sachets de gros vers de farine, des poulets entassés dans des corbeilles, de jeunes singes entravés, aux yeux tristes et au pelage hirsute, des chèvres qui mâchonnaient les papiers crasseux jonchant la place, des bassines en émail, de la vannerie, des poteries de terre cuite, des poêles en fer, du savon et des gamelles, dans un vacarme de caquetage, de palabres, de bêlements et de cris.

A la sortie du bourg, vers le nord, la piste serpentait sur les crêtes, bordées de champs minuscules qui tapissaient la pente jusqu'au sommet tant l'espace était rationné aux Noirs.

Le père Grégoire du Sacré-Cœur de Jésus, né Hermann Vandamme, avait organisé la mission sur le modèle d'une garnison militaire. Comme les chevaliers teutoniques dont ce Flamand se sentait l'héritier, il vénérait la hiérarchie, l'obéissance et l'ordre, reflets de la justice de Dieu. Ainsi les trois cloches de l'église appelaient-elles à la messe du matin, à la prière de midi et à l'adoration du Saint Sacrement le soir, auxquelles devaient assister tous les habitants baptisés. D'une manière ou d'une autre, nul n'échappait au règlement rigide qui gouvernait les travaux agricoles, la vie domestique et les rares loisirs des paysans : la congrégation fournissait l'uniforme scolaire des enfants, dispensait des soins gratuits et distribuait les médicaments, nourrissait les familles lorsque les pluies tardaient et qu'une disette ravageait la région. A ce compte, plus de cinq cents enfants fréquentaient le catéchisme et les conversions d'adultes étaient nombreuses. Les cheikhs, les imams soudanais et maliens avaient beau clamer « Allah est grand », Dieu était riche : les habitants pauvres de la région, espérant se concilier les bonnes grâces de leurs bienfaiteurs, se pressaient à l'église.

Une vingtaine de missionnaires flamands, wallons, français et suisses, aidés d'une dizaine de diacres africains, travaillaient à Niangala. Thomas Lusangi avait été accueilli parmi eux depuis douze ans déjà. Longs cheveux noirs et raides, pommettes hautes dans un visage ovale, teint cuivré, yeux étroits, tout le désignait comme métis. Sa petite stature musclée, sa voix profonde plaisaient aux femmes.

Il était né une nuit de novembre 1942, sur la natte posée à même le sol, dans une hutte de torchis à Poto-Poto, quartier populaire de Brazzaville. Sa mère appartenait aux Batetela, « le peuple sans terre », dépossédé par le sultan de Zanzibar. De son père, il ne savait rien. Il supposait que c'était un Blanc ou l'un de ces ouvriers chinois qui travaillaient au chemin de fer et qui, la nuit de paie, se déversaient bouffis de fatigue et de désespoir dans les rues boueuses de Poto-Poto.

Sa mère était morte quand il avait huit ans. Il ressentait encore ce sentiment de trahison, d'abandon qui l'avait alors terrassé. Jusque-là vif et joyeux, il était devenu taciturne et méfiant. Son oncle l'avait recueilli mais, incapable de l'éduquer et de le nourrir, il l'avait confié au père Grégoire.

A la mission, Thomas avait appris à lire et à écrire, comme les autres. Mais, des rudiments de philosophie et de sciences qu'il avait reçus, il tirait vanité auprès des Africains de son âge.

Souvent, entre l'Angélus et le repas du soir, lorsque de la vallée du Kapili montait une brume rose, le père supérieur faisait appeler le jeune homme dans son bureau. La vaste rumeur venant du bourg mourait sur le seuil de l'austère local. Le père Grégoire attendait son visiteur debout, les poignets et les genoux martyrisés par l'arthrite. D'un sourire furtif, il invitait Thomas à s'asseoir sur le tabouret de bois en face de lui. Généralement, pendant une heure ou deux, il l'interrogeait sur son travail, lui prêtait des livres, le questionnait sur ses lectures. Et lui faisait souvent part des menaces qui, selon lui, pesaient sur la mission. Avec le père Grégoire, Thomas oubliait sa méfiance. Pourtant, déjà bien avant le massacre de la grotte du Kapili, les rapports entre Hermann Vandamme et son protégé avaient commencé à se détériorer. Le métis ne supportait plus la vue des enfants que les paysannes de la brousse déposaient les jours de consultation devant le père médecin du dispensaire. Les visages fripés des nourrissons dénutris le révoltaient. Il détournait son regard des adolescents atteints du kwashiorkor, titubant sur leurs jambes grêles, le cheveu rare et roux, le ventre gonflé. L'intense fatigue des mères, leur soumission à une fatalité aveugle le révulsaient.

En cette fin d'après-midi, dans le bureau du père Grégoire, sa fureur éclata.

– Mon père, je n'en peux plus ! Je me sens comme un charognard. Je vis tranquillement à la mission, je mange tous les jours et j'assiste en spectateur à cette mort lente. Le kwashiorkor ! La bilharziose ! Le paludisme ! La sous-alimentation ! J'ai l'impression que pour vous, ce sont des choses normales.

Le père supérieur connaissait ces colères de timides qui s'emballent et que seule l'autorité calme. D'ailleurs, malgré toutes les certitudes, qui n'avait éprouvé ce malaise ? Mais à cela, il n'y avait qu'une réponse.

– Qui es-tu pour t'insurger contre la providence ? Fais ton devoir, tous les jours. Là où Dieu t'a mis. Au plus près de ta conscience. Au mieux de tes forces. Étudie, médite les Saintes Écritures, prépare-toi à une vie utile, une vie de devoir. Dieu ne nous demande pas l'impossible. Crois en Sa miséricorde. Humblement. Attends d'elle la lumière. Dieu connaît mieux que toi la souffrance de ses enfants. Il est leur créateur, leur Dieu.

Thomas, buté, ne bronchait pas.

– La félicité n'est pas de ce monde et la douleur est notre lot. Les enfants seront heureux dans l'Au-delà.

Thomas eut un bref rictus. Le père supérieur poursuivit, comme aiguillonné :

– Tu veux bouleverser le monde ? Faire disparaître les injustices ? Tu ne peux soulager toutes les misères. Tu n'es pas le bon Dieu ! Mon ami, méfie-toi du péché d'orgueil. Souviens-toi : toute douleur abrite une vertu énigmatique. Notre Seigneur a souffert sur la croix.

Le mal qui accouche du bien, Thomas n'y croyait plus.

– Mon père, ces enfant sont des victimes. Les Blancs ont confisqué les terres des Noirs. Et maintenant, les bébés ont le ventre gonflé de vers, ne mangent qu'un jour sur deux, pleurent la nuit tellement ils ont faim.

Surpris par cet argument qui n'avait plus rien de religieux, le père Grégoire n'avait pas l'intention de suivre Thomas sur ce terrain. Sa voix se fit insistante :

– La souffrance des innocents est un grand mystère. Tiens-t'en au conseil de notre Sainte Mère l'Église : « Il ne faut jamais regarder la misère sans prier. » Nous ne sommes rien. Un tas de poussière dans le vent. Confie-toi au Saint-Esprit. Il saura guider tes pas.

– Prier, prier. Vous priez, les pères prient, je prie, les diacres, les religieuses prient, les enfants de l'école prient. Le dimanche, toute la paroisse, des milliers de gens prient devant l'église. Qu'est-ce que ça change ? Rien ! La misère des paysans de la brousse est, à chaque prière, plus terrible.

Le père Grégoire avait une foi minérale, inébranlable, profonde. Il aimait Thomas. Ces attaques ne le choquaient pas, au contraire : la passion de Thomas lui paraissait comme un acte de foi. Grégoire du Sacré-Cœur de Jésus détestait l'indolence intellectuelle, l'autosatisfaction béate, la bigoterie inerte. Pendant près de douze ans, il avait tenté de communiquer à Thomas une foi vivante, une conscience critique, une exigence de vérité et de pureté. Avec une pointe d'humour, il pensa qu'il avait atteint son but.

Mais Thomas, cette fois-ci, n'était plus animé par une sainte colère. Il y avait de l'amertume, de la dureté, de la fureur dans sa voix.

– Mon père, soyez franc ! Comment croire, comment aimer un Dieu qui tolère passivement la destruction de tant d'innocents ? Ou votre Dieu est tout-puissant et alors il n'est pas bon. Ou il est bon, mais impuissant.

L'argument était banal. Mais Thomas avait dit *votre* Dieu.

Tout à coup, le prêtre se sentit rejeté. Il comprit que son fils l'avait renié, que des années d'attention, de pédagogie, de complicité se révélaient vaines. Chaviré, il raffermit sa voix.

– Je préfère la foi aux bons sentiments. Garde-toi du blasphème, Thomas. Les voies de Dieu sont impénétrables. Mais ne doute pas de Sa justice.

Thomas ne doutait plus car la foi ne l'habitait plus. Refusant d'accompagner le père supérieur au réfectoire, il regagna sa minuscule chambre de diacre.

III

Le colonel Jacques-François Cermier avait installé son quartier général à Niangala dès le début de l'année 1962.

Pour ses hommes, dont la plupart étaient comme lui d'anciens officiers du premier régiment étranger de parachutistes dissous par de Gaulle à Blida en 1961, Cermier était une légende vivante : ancien du French Squadron, compagnon de la Libération, évadé de Dien-Bien-Phu, chef de la colonne de tête à El-Kantara.

Mince, souple, c'était un jouisseur aimant les femmes, la bonne chère et la musique ; un érudit et un viveur raffiné qui, même en brousse, prenait tous ses repas au champagne. Il en buvait beaucoup. Il prenait aussi de la cocaïne, d'où, parfois, un tremblement de la main gauche et un regard un peu vague. Sarcastique, mélancolique et audacieux, on lui trouvait un air aristocratique. A juste raison. Cermier n'était que le nom de guerre du vicomte Olivier de Belcise.

Sa seule obsession était la menace mortelle que constituaient à son avis les marxistes et l'Islam. Il n'était pas raciste pour autant, contrairement aux autres mercenaires.

Le haut-commandement du corps expéditionnaire du Nord était établi à l'hôtel du Grec. Cermier passait de longues heures, souvent des nuits entières, face à la grande carte d'état-major placardée au fond de la salle de séjour du rez-de-chaussée. C'est aux accents déchirants de l'adagio de la *Quatrième Symphonie* de Gustave Mahler qu'il déplaçait les fanions multicolores, réfléchissait, cherchait à anticiper les imprévisibles mouvements de son ennemi à travers le labyrinthe des forêts inondées, des marais, des canaux, des pistes et des vallées. Confronté à cette guérilla, Cermier savait qu'il devait jouer sur tous les tableaux. De ses années algériennes, il avait gardé des amitiés précieuses au SDECE. Or, le SDECE savait presque tout de la genèse et des réseaux logistiques de la rébellion congolaise. C'est par lui qu'il avait eu vent de la réunion du Comité préparatoire de la conférence tricontinentale au Caire. Elle avait eu lieu à la mi-juillet 1961, six mois à peine après l'assassinat de Lumumba. Là s'était décidé le déclenchement de l'insurrection en Afrique centrale.

Cermier savait que l'Égypte et Cuba, aidés par l'URSS, entraînaient les cadres, finançaient l'achat du matériel et des armes nécessaires à l'insurrection, équipaient les interminables colonnes de camions et les cortèges de pirogues qui, depuis Juba, répartissaient les vivres, les médicaments, le matériel de communication, les munitions et les armes dans les bases rebelles de la forêt.

Restait à découvrir les détails de ce plan général. Cermier ne connaissait qu'un seul moyen : la torture. Un domaine qui relevait de son adjoint le plus proche, un ancien légionnaire d'origine croate. Avec sa silhouette bedonnante, son épaisse chevelure noire, traversée de fils d'argent, et une moustache drue qui lui mangeait la bouche, Branco Jusbasicz était une figure pittoresque, mais à Niangala, spontanément, on le redoutait et le fuyait. En connaissance de cause. L'ancien légionnaire, totalement dévoué au colonel, exécutait ses basses œuvres avec ruse, rapidité et efficacité. Il savait ajouter sa férocité propre à celle de Cermier, dont la délicatesse et l'humour se limitaient à la sphère privée.

Au cours des séances d'interrogatoires dans le sous-sol de l'hôtel du Grec, il faisait briller son *koukri*, le large couteau des chasseurs d'éléphants, sous les yeux de sa victime ligotée par des cordes de plastique. Si la menace ne suffisait pas, si le prisonnier s'obstinait dans son silence, Branco lui lacérait méthodiquement le dos, le ventre, la poitrine. Les cris, loin de le freiner, semblaient le stimuler.

En cas de nouvel échec, Jusbasicz passait à la seconde étape : les doigts, les oreilles, les testicules, tranchés net, tombaient sur le sol maculé de sang.

Les hurlements traversaient les murs de l'hôtel, résonnaient dans le bourg. Sur la place centrale, les femmes se signaient ; une brutale suée d'angoisse et de rage perlait au visage des paysans. Ils savaient que ce n'était pas fini. De la pointe de son koukri, le Croate allait crever les yeux de sa victime avant de la relâcher si elle vivait encore : les mutilations devaient servir d'exemple, terroriser les habitants du bourg et témoigner de la détermination de Cermier.

Grâce à Jusbasicz, des prisonniers avaient évidemment parlé et Cermier avait pu se faire une idée plus précise sur la constitution de la première armée d'insurgés. Les agents de Nasser, très au fait des structures du pouvoir, des mentalités et des motivations des peuples de la jungle, avaient manœuvré avec subtilité. Au Caire, à Khartoum, à Alger et à Paris, partout où il s'en trouvait, ils avaient pris contact avec les étudiants azande, plus précisément avec les princes azande, seule caste à pouvoir se payer des études. Presque tous appartenaient au clan des Avongara, le clan impérial. Leur chef suprême, le Mani, régnait depuis toujours sur les différents lignages et castes azande, sur leurs vassaux, leurs affiliés et leurs esclaves. Le Kraal impérial se trouvait à Yambio, dans la province soudanaise de Bar-Al-Ghazal, à quelques sept cents kilomètres au nord de Niangala.

L'habile propagande marxiste avait porté ses fruits. Rentrés au pays, bien endoctrinés, radicalisés par l'assassinat de leur héros Patrice Lumumba, les princes avaient adapté leurs discours aux exigences de la tradition et flatté les espoirs de leurs aînés. Au Mani, à ses conseillers, juges, divinateurs et généraux, ils avaient expliqué que de puissants amis étrangers étaient prêts à leur fournir des armes, des moyens de transport et de communication, beaucoup d'argent pour reconquérir l'ancestral empire volé soixante-dix ans plus tôt par les usurpateurs belges. La perspective de rétablir son pouvoir sur l'Est et le Nord du sous-continent congolais avait décidé le Mani.

Vêtus de leur long manteau de coton blanc, les messagers impériaux avaient pris des pirogues, emprunté les pistes ouvertes par les Pygmées, pour mobiliser tous les guerriers mangbetu, de la rive du lac Albert à l'est jusque dans la vallée du Chari à l'ouest en passant par la cuvette équatoriale. Cela signifiait que tous les peuples de langue ngbandi qui reconnaissaient l'autorité du Mani azande étaient gagnés à la cause révolutionnaire. Dans tous les bourgs, les villages, les hameaux de la forêt, les tambours de guerre avaient résonné. De la terre rouge était sortie une armée. Cermier ignorait encore combien elle était puissante.

Ce soir-là, comme souvent, le colonel et ses officiers dînaient au réfectoire de la mission. La cuisine de Dieudonné et des religieuses noires y était autrement meilleure qu'à l'hôtel du Grec. Cette hospitalité n'empêchait pas Cermier de se méfier du père supérieur. Récemment nommé archevêque des diocèses du Nord, le père Grégoire rencontrait en effet régulièrement, à Léopoldville, le nonce apostolique au Congo. Or, le Vatican désapprouvait les méthodes expéditives des troupes gouvernementales, surtout celles des Flèches noires, commandos antiterroristes recrutés principalement chez les Bashi du Kivu, et avait, à plusieurs reprises, demandé au Premier ministre congolais le renvoi des officiers mercenaires.

En dépit des consignes vaticanes, le père Grégoire témoignait de l'estime au colonel et aux officiers de son état-major ; on le sentait honoré, mais aussi heureux d'échapper à la morne routine missionnaire.

Indifférent aux bavardages, Cermier restait préoccupé par l'incident de la grotte. C'était moins l'inutile résistance, le courage désespéré de Marandura et de ses compagnons que leur appartenance ethnique qui le troublaient. Tous étaient des Wagénia. Or, la prétendue Armée de libération avait jusqu'ici recruté ses combattants presque exclusivement parmi les Azande.

Après avoir subi le bénédicité, écouté les trop flatteuses péroraisons du père supérieur et bu quelques coupes de champagne, le colonel décida d'exploiter le zèle des missionnaires. Il suffisait de les provoquer un peu.

– Des rebelles wagénia ! Vous vous rendez compte, mes pères ? Le serpent a donc progressé si loin vers le sud ! Il s'est infiltré parmi vos ouailles. Elles sont belles, vos populations soumises et pacifiques de la province orientale !

Le frêle père Charles qui, à plus de quatre-vingts ans, dirigeait encore le dispensaire, protesta :

– Mais, colonel, Marandura et les autres terroristes n'étaient que des révoltés isolés, égarés par les délirantes diatribes de la radio de Juba ! Croyez-moi, nos gens détestent ces hors-la-loi. Ils en ont honte, même. Nos paroissiens sont des citoyens fidèles, respectueux du gouvernement et de ses forces armées. Jamais ils ne se soulèveraient contre l'autorité légitime.

Le vieux prêtre, outragé qu'on mît en cause « ses » Noirs, respirait avec peine.

– Je les connais depuis plus de quarante ans, moi. Certes, ils ont leurs défauts ! Alcool de palme pour les vieux. Promiscuité sexuelle pour les jeunes. Beaucoup de violences conjugales et d'adultères. Des grigris, des amulettes par-ci, par-là. Quelques superstitions. Mais vous devriez les voir le dimanche matin ! Tous à la messe, proprement vêtus, heureux. Ils nous aiment, vous savez.

Les autres missionnaires opinèrent du chef.

Le père supérieur le désavoua sèchement :

– Le père Charles se trompe, colonel. Les Wagénia ne nous aiment guère. Ils se signent, se font baptiser, communient, simplement parce qu'ils sont persuadés que nos fétiches sont plus puissants que les leurs. Ils viennent à nous parce que nous guérissons leurs malades, distribuons de la nourriture pendant les disettes, scolarisons leurs enfants. Mais au fond d'eux-mêmes, la plupart nous détestent.

Cermier surprit le regard rapide, méprisant que le père supérieur jetait au père Charles. Blessé, troublé, celui-ci triturait sa barbe blanche. Tous les missionnaires avaient posé leurs fourchettes, les religieuses noires avaient interrompu le service. Le silence pesait sur le réfectoire. On n'entendait que le bruit du générateur poussif et la plainte d'un chacal.

Sur un ton plus aimable, le père supérieur reprit :

– Et pourtant votre analyse est, elle aussi, erronée. Depuis des générations, les peuples du Nord se combattent. Il ne peut y avoir une alliance entre les Wagénia et les Azande. Ils se haïssent.

De ses yeux tristes, Cermier fixait le prêtre en faisant craquer ses jointures : le père Grégoire l'agaçait. Et le père Grégoire le savait, d'où son ton de plus en plus passionné où se mêlait le dépit personnel et la volonté de convaincre.

– Les Wagénia et les Azande nourrissent les uns pour les autres une haine ancienne, violente, viscérale, inépuisable. Rien à voir avec la religion, même si les premiers sont chrétiens et les seconds musulmans. Si peu, du reste. A peine un mince vernis qui ne résiste pas à leur croyance dans les divinités de la forêt. C'est tout ce qu'ils ont de commun, avec la chasse aux esclaves. Les uns comme victimes, les autres comme bourreaux.

Grégoire du Sacré-Cœur de Jésus dégourdit ses doigts martyrisés par l'arthrite.

– Les Arabes esclavagistes de Zanzibar, colonel ! Les chefs Azande ont été pendant près de cent ans leurs auxiliaires, leurs hommes de main féroces, avides, impitoyables. Dans les villages wagénia, les récits des razzias azande se transmettent de père en fils. Le général Hamed Ben-Mohammed, surnommé Tipo-Tip, commandant des armées arabes, les négriers de Zanzibar, les Wagénia s'en souviennent encore. De cette souffrance passée infligée par les Azande, les Wagénia portent encore les stigmates. De là viennent cette résignation, cette indolence, cette passivité qui nous rendent fous, qui stérilisent toute initiative personnelle, tout progrès véritable. Regardez autour de vous, colonel ! Le traumatisme de l'esclavage est présent, au fond de toutes les consciences. Paralysant, indéracinable. Un Wagénia se jetterait plutôt du haut de la falaise de Niangala que de s'allier à un Azande.

Quel âne, pensait Cermier. Que de naïveté, d'outrecuidance, d'insondable ignorance du pays après des décennies en Afrique ! Les procès-verbaux des interrogatoires, les rapports des chefs de patrouille, des rares indicateurs placés dans les bourgs, le long des pistes du Nord, étaient autrement clairs : non seulement la prétendue armée de libération, en majorité azande, recrutait depuis deux ou trois mois beaucoup de Wagénia pour ses camps d'entraînement au Soudan du Sud, mais des unités d'insurgés wagénia s'infiltraient déjà dans de nombreux villages de la lisière méridionale de la forêt, prêtes à exécuter les ordres de sabotage, d'embuscade ou de meurtre transmis par radio portative. Les rapports des Flèches noires notaient que plusieurs colonnes de porteurs de la guérilla, interceptées récemment dans des embuscades nocturnes, étaient composées d'une majorité de femmes et d'hommes wagénia. En clair, les chefs de village, les divinateurs, les maîtres des masques et autres potentats traditionnels wagénia étaient acquis à la propagande rebelle azande.

Le colonel fulminait contre ce pauvre fou de Grégoire, mais la diplomatie l'emporta. Un peu d'emphase suffirait à stimuler la mission.

– Monseigneur, nous aurons besoin de vous. L'autorité légitime de Léopoldville mène une bataille difficile, celle de la civilisation contre la barbarie, de l'Occident chrétien contre l'Islam et les marxistes. Nous comptons sur votre haute bienveillance, sur vos sermons dominicaux si influents et, si vous me le permettez, sur les conseils judicieux que vous voudrez bien donner, vous et vos confrères, à vos fidèles dans le secret du confessionnal.

Plus qu'une requête, c'était un ordre que le père Grégoire prit pour une marque de confiance. Flatté, il inclina furtivement la tête :

– Comptez sur nous, colonel !

Le repas s'acheva dans la bonne humeur. Seul Thomas Lusangi remâchait un dégoût profond. A peine étaient-ils réconciliés que le père Grégoire lui donnait un nouveau motif de mépris.

IV

Niangala bruissait de rumeurs alimentées par les émissions de radio provenant de Juba. Les jeunes gens du bourg, dont Thomas, les écoutaient régulièrement, dans l'arrière-boutique des Mauritaniens.

Au milieu de la saison des pluies de 1962, il était devenu évident pour tout le monde qu'une insurrection de grande ampleur avait éclaté dans le Nord et le Nord-Est du Congo. En représailles, non loin de Niangala, au nord du quatrième parallèle, les troupes gouvernementales appliquaient la stratégie de la terre brûlée. Leurs avions basés plus au sud, à Goma, incendiaient au napalm tout village, tout hameau susceptible d'abriter – ne fût-ce que pendant quelques heures – des rebelles affamés, sortis de la jungle. Les cadavres en décomposition empoisonnaient les cours d'eau. Dans les clairières, les champs de manioc, de maïs, de sorgho et de mil étaient calcinés. Des dizaines de milliers de personnes mouraient de faim.

Les camionneurs qui faisaient régulièrement étape à Dungu, Ahe et Faradjié racontèrent à Thomas les exactions commises dans ces bourgs par les Flèches noires. A Faradjié, le drapeau vert et jaune des rebelles étant apparu un matin sur l'école des Pères blancs, les Flèches noires avaient conduit les quatre-vingt-cinq élèves dans un champ de mil récemment brûlé, les y avaient enterrés jusqu'au cou. Aucun n'avait survécu au concours de tir.

A Bogoro, comme tous les soirs au crépuscule, les enfants jouaient dans la rue centrale du bourg, les femmes pilaient le mil. Les hommes débarquaient tout juste des camions les ramenant de la scierie. Les Flèches noires déboulèrent presque en même temps qu'eux. Un commandement sec. Des hurlements : à coups de machette, les Flèches noires avaient tranché les pieds et les bras des enfants tétanisés d'épouvante. Puis les tueurs s'étaient répandus dans les cases, s'attaquant de nouveau aux plus petits. C'est si facile d'estropier un enfant : un ou deux coups de machette suffisent et les adultes, trop occupés à leur porter secours, ne ripostent même pas.

Dans les boutiques des Mauritaniens de Niangala, d'autres chauffeurs, arrivés du Nord, décrivaient les hameaux bombardés, les cases pillées et les cadavres pourrissant sous le soleil dans les bananeraies.

C'était désormais en vain que le père supérieur expliquait à Thomas que la stratégie de Cermier obéissait à une logique brutale mais nécessaire, que les habitants des bourgs devaient comprendre qu'en acceptant de donner abri et assistance aux hors-la-loi, ils s'exposaient aux représailles.

V

A l'aube du quarantième jour suivant la mort de Marandura, Thomas fut réveillé par le sourd battement des tambours de deuil. Se dirigeant au son, il parvint au seuil d'un baraquement, à moitié détruit, à la lisière de la jungle. Une pluie dense tombait, s'égouttait bruyamment sur le sol. Des rats, des cancrelats couraient parmi les feuilles mortes.

A l'intérieur du baraquement, sur de larges nattes de paille, une foule d'hommes âgés et de femmes attendaient, assis par terre, jambes croisées, le buste droit et les mains posées sur les genoux. Seuls les initiés étaient admis à entrer. Beaucoup d'hommes étaient torse nu. Toutes les femmes portaient des turbans blancs, couleur de la mort.

Dans l'embrasure de la porte, Thomas les voyait de dos. Le maître de cérémonie était le vieux Dieudonné, père de Marandura. Il le reconnut grâce aux deux cicatrices rouges zébrant son dos de l'épaule gauche jusqu'aux reins. D'un battement de ses mains décharnées, il commandait aux tambours. En un murmure continu, et pourtant irrégulier, quelque part entre le silence et la voix humaine, les divinités wagénia étaient invoquées une à une.

Serrés les uns contre les autres, les initiés se balançaient doucement d'avant en arrière au rythme alterné des tambours. Une odeur d'encens et de sueur remplissait l'air.

Des dizaines de groupes avec leurs larges tambours coniques couverts de peau de buffle et leurs *sékéré* descendaient des hameaux voisins. Leurs cortèges serpentaient à travers les bananeraies.

Partout, sur les deux pistes de terre rouge qui cernaient le baraquement, des hommes et des femmes de tous âges se pressaient. Des taches colorées sur les terrasses alentour signalaient les retardataires. Leurs pagnes claquaient au vent torride qui avait chassé la pluie de l'aube.

Petit à petit, devant le baraquement et jusqu'au carrefour, une foule dense, chaleureuse, bruyante s'était rassemblée. Des enfants épiaient les silhouettes à l'intérieur.

Tout le monde parlait de Marandura, à voix basse. Thomas se remémorait le jeune Wagénia, élancé et taciturne, à peine sorti de l'adolescence, sa silhouette osseuse d'enfant mal nourri. Il l'avait croisé presque chaque jour, midi et soir, sur le chemin du réfectoire, mais pétri de dédain pour ce jeune catéchiste, simple auxiliaire à l'école des filles, Marandura n'avait jamais échangé avec lui plus que quelques paroles banales.

A l'intérieur du baraquement, les initiés du clan de Marandura, parents proches et affiliés lointains, étaient réunis pour envoyer le mort sur la route semée d'embûches qui devait le conduire au royaume de ses ancêtres.

Dehors, l'atmosphère était tendue. On percevait l'angoisse de la foule : anéanti par l'explosion de la grotte, Marandura n'avait pas laissé de cadavre. Et c'était grave, Thomas le savait. Bien que catholique vivant à la mission, il avait fini par connaître parfaitement les cérémonies de deuil des Wagénia. Selon leurs croyances, pendant sa vie terrestre, tout être humain possède, outre son corps, un double : sa *kalunga*, cette calebasse qui contient le matériau dont, au ciel, est fait son visage immortel, est déposée dans une petite pièce, à l'arrière de la cabane familiale. Quand la mort a saisi son corps, son double, matérialisé par la *kalunga*, doit être détruit par la communauté.

A midi, une splendide jeune fille, vêtue de blanc, apparut

dans l'ouverture de la porte. Elle avait les yeux très sombres, les cheveux courts, des jambes interminables. Sur sa peau noire dansaient des reflets violets. Thomas reconnut Ouria, la serveuse de l'hôtel. Le Grec se plaisait à dire que son nom signifiait « liberté » en swahili. C'est avec elle, sur les rives surchauffées du Kapili, que Thomas avait fait l'amour pour la première fois. Il la regarda avec émerveillement et gêne, plein de remords de ne plus lui avoir fait signe depuis leur première rencontre au bord de l'eau.

Sur sa tête, Ouria portait la *kalunga* contenant les éléments du visage éternel de Marandura. Elle s'arrêta sur le seuil, où un initié déposa une bassine de terre cuite remplie d'eau. La jeune fille y versa le contenu de la calebasse. Puis, les doigts étroitement serrés, du dos de la main, avec des gestes amples, puissants et rythmés, elle projeta l'eau alentour. Les gosses riaient, se bousculaient sous les arcs de lumière, tentaient d'attraper quelques gouttes. Ouria se fâcha, outrée que les enfants fussent insensibles à la solennité de l'instant.

Ils ne savaient pas que pour les vivants l'eau remplissait, ce jour-là, une fonction essentielle, que la bassine, symbole et lieu de la communauté, avait recueilli l'identité du défunt. Se mêlant à l'eau qu'elle contenait, Marandura perdait son individualité et retournait à la communauté.

Enfin, d'un dernier geste énergique, Ouria souleva la bassine, vida son contenu sur le carrefour. Le défunt pouvait maintenant commencer son voyage vers le royaume de ses ancêtres. Du baraquement, le chant monotone des adieux s'élevait comme le murmure d'un ruisseau.

Malgré le soleil de midi qui craquelait la terre rouge de la place, la foule ne se dispersa pas, commentant l'héroïque résistance du jeune Marandura.

Thomas Lusangi restait debout au milieu des Wagénia, comme l'un des leurs. Il se sentait solidaire : chacune de leurs paroles le déchirait, réveillait sa mauvaise conscience, lui apportait la certitude de sa propre lâcheté.

La cérémonie était terminée. Les tambours s'étaient tus. La foule, lentement, se défaisait, les paysans des crêtes rejoignant leurs hameaux, les habitants de Niangala descendant par groupes. Thomas partit, seul, vers la mission.

Pendant tout l'après-midi, il essaya en vain de lire. Le soir venu, il n'entendit pas la cloche de l'Angélus et ne se rendit pas au rendez-vous avec le père Grégoire. Étendu sous la moustiquaire, la gorge serrée, l'estomac noué, il ne ferma pas l'œil de la nuit. A l'aube, sa décision était prise : il quitterait Niangala, la mission et le père Grégoire.

VI

La nuit suivante, il exhuma son vieux sac de toile usée, y fourra ses quelques habits, trois livres, un peu de nourriture et déserta la mission.

Pendant des mois, il connut les forêts de l'Ouganda, le front mouvant du Ruwenzori et les brumes incertaines des lacs Albert et Édouard, erra sur les pentes des volcans et à travers les plaines. Habitué au petit confort de la mission, son corps se faisait douloureusement à sa nouvelle vie. A plusieurs reprises, des Pygmées, espiègles et rieurs, l'accueillirent, soignèrent ses plaies et le gavèrent d'un breuvage rebutant à base de sang de buffle, de jus de liane et de miel.

En janvier 1963, au début de la petite saison sèche, quand les ouragans se firent plus rares, l'air plus frais, Thomas rencontra le fleuve Congo. Ses eaux charriaient des îlots de jacinthes et des troncs d'arbre couverts de fleurs. Il vit même passer un éléphant, silhouette chancelante comme un bateau en détresse sur le fleuve. Soudain, en ce Maniéma central, Thomas, las de sa solitude, rejoignit les hommes : des prospecteurs noirs, métis et jaunes, les poumons mités, les mains en sang, travaillant pour la Compagnie minière du Haut-Maniéma. Ils menaient une vie de damnés. Après une journée de travail harassant, ils n'avaient même plus le courage de se laver ni d'écraser les *virulo* qui grouillaient dans les coutures de leurs shorts ni les gros poux *guacha* qui leur faisaient de vilaines croûtes sur le crâne. Leurs nuits étaient gâchées par les démangeaisons, hantées par la peur des fauves et des serpents *nyoka* qui recherchaient la chaleur des hommes. Le matin, ils secouaient leurs affaires avec précaution pour faire tomber les bêtes.

Dans la journée, ils mangeaient n'importe quoi, rarement de la viande sinon quelques lambeaux de buffle boucané. Un jour, un paysan était venu leur donner un morceau d'éléphant, une viande fibreuse dont ils n'avaient pu tirer qu'une sauce peu ragoûtante dans laquelle tremper leur pâte de manioc. C'est ce jour-là que Thomas était arrivé.

Malgré cette atmosphère sordide, sa solitude forcée lui avait rendu la vie du camp presque enviable. Il était resté avec les mineurs. Avec eux, Thomas abattit des arbres, construisit des barrages et détourna sur des kilomètres les affluents du Congo. Des lits apaisés, ils tiraient un mélange de sable et de gravier. On tournait ça dans des tamis : les pierres les plus lourdes portaient l'or. Ensemble, ils avaient bricolé un concasseur. Sous les marteaux, les pierres se défaisaient. On étalait les fragments sur un lit de mercure. Lentement, l'or trahissait la pierre, s'alliait intimement au mercure. Après des semaines de fatigue et de fièvre, dans une clairière ou sur les bords d'une rivière, les feux s'allumaient. Les hommes vivaient alors un instant de joie. De l'amalgame réchauffé sur les grilles placées au-dessus du feu, l'or tombait goutte à goutte dans des bassines de Bakélite. Son filet étincelant se cabrait comme un serpent au fond des récipients.

A la fin du mois de février 1963, les gardes-chiourme de la Compagnie remarquèrent Thomas. Son sérieux, son adresse au concasseur, son ascendant sur les hommes lui valurent un changement de statut : d'orpailleur de brousse, il passa mineur de fond dans une mine d'or à Uvonia où la Compagnie lui offrit d'emblée un poste de contremaître.

DEUXIÈME PARTIE

I

Gamal Abdel Nasser vint en personne à Juba pour accueillir les délégués de la première réunion plénière du Conseil national de libération. Il était inquiet des violentes contradictions qui opposaient les principales factions lumumbistes du Conseil. Et impuissant : les dirigeants noirs n'éprouvaient que méfiance envers tout chef d'État arabe, fût-il le plus prestigieux. Il n'entendait donc pas intervenir. Il n'était venu que pour témoigner de l'importance accordée par le camp afro-asiatique aux décisions stratégiques des délégués.

En pleine savane, sur une petite estrade abritée du soleil par une bâche de toile grise de l'armée égyptienne, il attendait. Une tempête de sable sur le désert nubien avait retardé l'avion d'Air Algérie venant de Brazzaville. Des jeunes gens musclés, soupçonneux et nerveux, appartenant au redoutable Moukhabarat, la police secrète égyptienne, surveillaient l'estrade à distance et gardaient les abords de la piste. Plus loin dans la savane, les soldats soudanais avaient déroulé des barbelés et installé des canons antiaériens.

Nasser était seul sur l'estrade, immense, impassible et raide, tête nue, à l'étroit dans un costume civil marron de coupe ordinaire. Dans son dos, à quelque cent mètres, sous l'avant-toit du hangar principal, se pressait la petite foule des officiers en uniforme kaki, des conseillers, des journalistes, des diplomates, des gardes et de quelques très belles épouses ou compagnes de ministres arabes. Certaines portaient des tailleurs occidentaux, d'autres des tenues locales dont les voiles s'agitaient dans le vent.

Les trois secrétaires exécutifs du comité préparatoire de la Conférence tricontinentale se tenaient à l'écart de la foule : Ernesto Che Guevara, songeur, portait, malgré la chaleur, sa vareuse vert olive et son béret noir. Petit, nerveux, le regard charbonneux, El Mehdi Ben Barka ne tenait pas en place tandis qu'Amilcar Cabral, le regard amusé derrière ses immenses lunettes, observait calmement le manège des gardes. A côté du groupe, un jeune homme au teint blême, au visage émacié : Lakhdar Brahimi, le confident de Ben Bella et son ambassadeur au Caire.

Nasser attendait, impavide sur son estrade, curieusement intemporel. La petite foule contemplait la silhouette sur l'horizon.

Brusquement, précédé d'un vrombissement, l'avion algérien, escorté de trois chasseurs soudanais, miroita dans le ciel blanc. La silhouette s'anima. En un vieux réflexe militaire, Nasser saluait. La torpeur se rompit. Des voitures avancèrent sur la piste, des officiels se mirent à bavarder, un insolite tapis rouge fut déroulé, une fanfare militaire entonna – faux – des airs martiaux.

L'avion se posa : en haut de la passerelle apparut la face ronde et transpirante de Christophe Gbenyie, président du Conseil national de libération.

II

De Juba, océan de toits de tôle rouillée, émergeaient çà et là des bâtiments jaunes, aux murs lézardés, aux terrasses ruinées par les déluges de la saison des pluies et par l'humidité qui montait en permanence du Bar el-Jebel, du Nil blanc. Nasser se souvenait que ce nom signifiait littéralement « la mer blanche », le Nil disparaissant sous des millions de nénuphars blancs en amont de Juba.

Le Conseil national de libération siégeait au British Railway Hotel, une élégante bâtisse en brique ocre, de deux étages, tout en longueur. Sa grande salle de réunion au rez-de-chaussée était protégée de la chaleur par une véranda à arcades où s'alignaient des tables et des fauteuils en osier.

Christophe Gbenyie ouvrit la conférence dès la tombée du jour, quand une brise imperceptible apporta un utopique espoir de fraîcheur. Une heure auparavant, Nasser et sa suite étaient repartis en direction de Khartoum et du Caire, laissant s'affronter les membres du Conseil national de libération.

Thomas Kanza prit la parole juste après Christophe Gbenyie. Issu d'une influente famille mukongo de Léopoldville, c'était un des rares universitaires produits par la colonie. Son esprit vif portait encore la marque des pères jésuites de Lovanium. Lumumba en avait fait son premier ambassadeur aux Nations unies, à New York. Après la chute de Lumumba, les services secrets américains avaient cru pouvoir le retourner facilement. A tort : l'argent, les honneurs, les femmes, le chantage, les pressions sur ses parents, ses frères et sœurs restés à Léopoldville n'avaient fait que renforcer sa détermination. « C'est Patrice qui m'a envoyé, c'est Patrice que je dois servir. » La police de New York ayant fini par l'expulser des locaux de la mission du Congo, il s'était réfugié dans une chambre d'étudiant de Greenwich Village. Dag Hammerskjöld, plein de sympathie pour le jeune diplomate, lui avait conféré le statut d'« observateur auprès des Nations unies ».

Kanza n'était pas un politique. Simplement, en tant qu'indéfectible ami de Lumumba, vénérant sa mémoire, il défendait sa politique avec un courage obstiné et une intelligence pénétrante servis par une voix chaleureuse, un débit rapide, un style précis et sans emphase :

– Mes chers collègues, j'ai longuement discuté avec l'ambassadeur Anatoly Dobrynine. Les Russes sont totalement acquis à notre cause. Dobrynine me l'a confirmé encore une fois, avant-hier soir, juste avant mon départ de New York. Les Russes nous soutiendront sans réserve. Eux aussi sont restés fidèles au souvenir de Patrice. D'ailleurs, la toute nouvelle université destinée à la formation des jeunes Africains à Moscou porte son nom.

– Alors pourquoi ont-ils laissé exécuter Lumumba ? lâcha Antoine Gizenga.

Il avait été aux premières loges pour assister à la dérobade russe. Président du gouvernement provincial de Stanleyville, lieu d'origine de Lumumba et bastion de son Mouvement national congolais, Gizenga s'était rué au consulat soviétique, en septembre 1960, dès l'arrestation du Premier ministre. Le consul lui avait promis que les services secrets soviétiques, puissamment implantés à Léopoldville, allaient sans tarder libérer, au besoin par la force, le Premier ministre légitime du Congo. Or, ils n'avaient rien fait. Kanza en convint :

– C'est vrai, les Russes n'ont pas libéré Patrice. Pourquoi ?

Un consul inepte ? Un nœud dans les communications avec Moscou ? Un sabotage américain ? Des divergences entre le KGB et les affaires étrangères ? Un effet de la rivalité entre la Loubyanka et la rue Arbat ? Je ne sais pas. Tout ce que je peux t'affirmer, c'est que le gouvernement de Moscou appuie aujourd'hui totalement notre lutte.

Derrière ses épaisses lunettes de myope, Gizenga exprimait une très nette incrédulité.

Kanza insista :

– Si, crois-moi. Nous pouvons compter sur les Russes. Leur plan dépasse de très loin notre pays. Il fait du Congo le pivot de l'Afrique future, telle qu'ils l'entrevoient. D'ailleurs, regarde nos frontières : au sud-ouest et au sud, l'Angola, sous le joug portugais, où l'OTAN teste ses armes les plus sophistiquées, contre nos frères kimbundu, bakongo et ovimbundu. A l'est et au sud-est, la Rhodésie du Nord et la Rhodésie du Sud, colonies britanniques, regorgeantes de cuivre. Et plus loin, vers le sud, le Mozambique, la Namibie, la République sud-africaine, bastions blancs, essentiels à la domination capitaliste de notre continent. Regarde la carte de l'Afrique, Antoine ! Pour les Russes, le Congo est un glacis stratégique.

Sa leçon de géopolitique ne semblait pas émouvoir l'assemblée. Kanza enfla la voix :

– Le Congo, c'est la porte de l'Afrique australe, encore occupée par les Occidentaux, c'est la clé de toute la révolution sur le continent. Un Congo indépendant, souverain et libre, c'est la base arrière indispensable à tout mouvement de libération armée au sud de l'équateur.

– Ils voient loin, tes frères russes ! persifla Pierre Mulélé. Jeune homme austère et cultivé, chef des maquis paysans du Kwilu, il venait tout juste de rentrer d'un stage de formation à l'académie d'infanterie de Nankin, en Chine.

Kanza ignora l'intervention de l'ancien ministre de l'Éducation de Lumumba :

– Croyez-moi, chers amis. Notre situation diplomatique

est excellente. Les États du groupe afro-asiatique contrôlent quatre-vingt-deux des cent trente et une voix à l'Assemblée générale des Nations unies. Et les Russes les consultent en permanence. Vous auriez dû être là, l'autre jour, au Conseil de sécurité ! Claire Timberlake et Ian Scott, ambassadeurs des États-Unis et de Grande-Bretagne, ont réclamé une intervention des Nations unies au Congo septentrional. Anatoly Dobrynine a crié : « Bas les pattes au Congo ! » Tout le monde a applaudi, même les sténodactylos. L'URSS bloquera par son veto toute action contre nos bases au Nord. Les Occidentaux sont paralysés. Ils enragent, mais ne peuvent rien contre Dobrynine.

Mulélé rit de bon cœur.

– Pourquoi ris-tu ?

Brusquement sérieux, Mulélé jeta à la ronde un regard féroce :

– Vous vous souvenez de la Corée, camarades ? Et de ce qui s'est passé un matin de 1950 ? Là aussi les bolcheviques avaient promis au groupe afro-asiatique de bloquer par leur veto toute intervention des Nations unies. Malheureusement, le matin de la séance décisive du Conseil de sécurité, le délégué russe avait mal réglé son réveil. Au moment du vote, il n'était tout simplement pas présent !

Silence.

– Le résultat, vous le connaissez. Moscou a ensuite assisté passivement à l'écrasement des Nord-Coréens par le corps expéditionnaire américain agissant sous le drapeau des Nations unies. Et un beau jour, MacArthur s'est trouvé sur la frontière chinoise. Il a fallu deux millions de volontaires chinois pour repousser les Yankees. A quel prix ! Cinq cent mille jeunes Chinois, tués, mutilés, disparus !

Tes promesses soviétiques, Kanza, je m'en moque ! Les Russes sont des menteurs et des salauds. Leurs promesses d'aide sont plus dangereuses qu'une déclaration de guerre.

Dans la salle, la tension était montée. Plusieurs membres

du Conseil, incapables de choisir leur camp, baissaient les yeux. D'autres se tournaient vers Gbenyie. Tous savaient qu'il détestait Pierre Mulélé, le dangereux intellectuel, et se méfiait tout autant de Kanza, trop occidentalisé. Il avait là une belle occasion de les moucher. Mais la masse puissante et débonnaire du président était secouée de fièvre. Son visage marqué par la variole ruisselait de sueur. Luttant contre un début de crise de paludisme, fouetté par son horreur des disputes qui mettaient en cause son autorité, il invita chacun à oublier les vieilles querelles. En vieux notable retors, il flairait pourtant l'entourloupe.

– Kanza, dis-nous, tes Blancs, là-bas, à New York, tes Russes, ils t'ont sûrement demandé un prix ? Personne ne soutient personne sans contrepartie.

Il insista :

– Réponds, Kanza. Qu'est-ce qu'ils exigent, tes Russes ?

– Ils n'exigent rien. Ils proposent un accord. Voici, chers collègues, le projet de traité entre le Conseil national de libération et le gouvernement de l'Union soviétique que nous avons négocié à New York.

Instinctivement, il reprit son ton policé de diplomate :

– Je vous lis le préambule : « Les deux parties contractantes concluent un pacte d'amitié et un pacte d'assistance militaire mutuelle. Elles se consulteront régulièrement sur leurs politiques étrangères respectives, afin de les harmoniser. »

Gbenyie eut un petit geste impatient :

– Passons, passons.

Kanza reprit :

– « L'URSS appuiera en particulier la lutte de libération, menée par le peuple congolais, sous la direction du CNL. Elle considère le CNL comme le seul représentant légitime du peuple congolais. »

Le jeune diplomate s'arrêta un instant. Visiblement, les délégués n'étaient pas impressionnés : c'était la moindre des choses. Kanza, déçu, continua :

– « Le gouvernement soviétique s'engage à fournir gratuitement toutes les armes, munitions, moyens de communication et de transport nécessaires au CNL et, au besoin, des systèmes de défense antiaériens, combinant le radar et les canons à tir automatique.

Le gouvernement de l'Union soviétique s'engage en outre à assurer gratuitement la formation des jeunes Congolais dans le domaine de la défense militaire, du contre-espionnage, de la sécurité. »

Voilà qui était concret. Le Conseil était satisfait : Kanza avait fait du bon travail. Même Pierre Mulélé semblait admiratif.

Seul le vieux Gbenyie, secoué par la fièvre, inondé de sueur, restait méfiant :

– Le prix à payer, Kanza, le prix ?

– J'y viens, président. Je résume. Dès la libération totale de notre territoire, la société d'État soviétique Gosmines recevra de nous une concession de quatre-vingt-dix-neuf ans, renouvelable, pour la totalité des champs miniers, appartenant aujourd'hui encore à la Compagnie minière du Haut-Maniéma. Une concession de même type sera accordée, dans des conditions identiques, à la Gosmines sur les trois principaux champs diamantaires du Kasaï, produisant ensemble un volume annuel d'environ vingt millions de carats, exploités actuellement par la société De Beers. Enfin, les Russes nous demandent une concession illimitée pour l'exploitation des mines d'uranium de Kolwezi, propriété de la Société générale de Belgique.

Un silence consterné lui répondit.

Ce fut Gizenga, l'idéologue, le cousin de Lumumba, qui, le premier, attaqua :

– As-tu perdu la raison, Kanza ? Comment as-tu pu négocier un accord pareil ? Brader pour un siècle à des étrangers, à des Blancs, la richesse de notre pays ?

Il regarda Kanza droit dans les yeux :

– Tu mériterais d'être fusillé sur place.

Le jeune diplomate vacilla. Le visage gris, il se tourna vers Gbenyie :

– Président, expliquez-lui ! Je ne brade rien. Soyons réalistes. Pas plus que les autres pays du tiers monde, même libres, nous n'aurons les capitaux ni les cadres nécessaires pour faire marcher nos milliers de kilomètres de voies ferrées, nos usines de raffinage de minerais et nos fonderies d'or. Impossible sous notre climat d'entretenir nos ports fluviaux, nos centrales électriques. Et que dire de Boma, de Matadi, de nos deux ports maritimes ? Avons-nous les pilotes pour conduire les navires océaniques à travers l'embouchure du fleuve, de l'Atlantique jusqu'aux quais ? Nous n'avons même pas de mécaniciens pour réparer les grues, les tapis roulants, les chariots des quais et la réfrigération des dépôts !

Tous les yeux se dérobaient. Kanza plaida de plus belle :

– Et puis ce sont les Occidentaux qui organisent le marché mondial des minerais. Eux qui contrôlent les spéculations, les manipulations et les mouvements de la bourse des métaux de Londres. Aucun Noir n'y a jamais mis les pieds.

Il oubliait qu'aucun Noir n'aime qu'on lui rappelle ses insuffisances, mais Kanza était lancé, il reprenait l'initiative :

– Mes amis, nous gagnerons sur tous les tableaux. Les Russes financeront notre révolution. Nous sauverons des richesses qui, sans aide, retourneraient à la jungle et, en plus, nous en tirerons une fortune. Car évidemment nous lèverons des taxes de concession, des impôts d'extraction, des redevances de transport sur chaque wagon d'uranium, de cobalt, de manganèse, de cuivre, de germanium, de platine. Sur chaque barre d'or, sur chaque lot de diamant, le Congo touchera son dû. De plus, notre État sera actionnaire minoritaire dans les sociétés d'extraction locale, il touchera des dividendes, tous les ans, sans effort, sans aucun risque.

Dans son enthousiasme, il haussa le ton sans s'en apercevoir.

– L'accord est bon, président. Il garantit des salaires décents pour nos mineurs, nos ouvriers. Il sert nos intérêts.

Christophe Gbenyie ne cilla pas. Transporté de fureur, Gizenga se dressa :

– Kanza, tu es un crétin ! Tu n'as donc rien compris ! Je m'en fous que ta Gosmines pille les trésors de notre sous-sol. De toute façon, une fois la victoire acquise et le Congo libéré, nous devrons négocier avec un cartel ou une société multinationale. Alors, Russes, Américains, Français, Belges ou Mongols, je m'en fous ! Imbécile ! Ce ne sont pas nos minerais que l'URSS recherche. Elle en déborde. Et à domicile, même. C'est le premier producteur mondial d'or, de platine, de nickel. Le deuxième de manganèse, de germanium, de cuivre et d'uranium. Et avec le Congo, le premier pour le cobalt : dix mille tonnes par an. Elle n'a que faire du Congo. Ce qu'elle veut, c'est contrôler les cours mondiaux, manipuler la bourse, imposer au monde entier ses conditions et ses prix. Depuis des décennies, elle lutte contre la De Beers Mining pour le monopole du marché du diamant. Moscou se moque de notre développement économique et social, de l'avenir de notre peuple.

Gizenga écrasa son poing sur la table :

– Les Russes veulent le contrôle du marché minéralier mondial. Ils veulent pouvoir dicter leurs prix à l'Occident, décider du sort des minerais stratégiques, pouvoir créer la pénurie à leur guise et imposer leur loi à l'ennemi. Quel moyen fantastique de chantage ! Quelle arme révolutionnaire ! Même Lénine n'aurait pu rêver méthode plus redoutable. Pour la révolution mondiale, ton accord, Kanza, constitue un cadeau inespéré. Pour nous, Congolais, c'est une catastrophe.

Une poignée de serveurs, triés sur le volet par les services de sécurité soudanais, versaient constamment aux délégués un thé noir et brûlant dans de petits verres en cristal. Il était deux heures du matin. Les ventilateurs ne suffisaient pas à évacuer l'odeur de thé, de tabac et de transpiration. Les débats duraient depuis plus de sept heures déjà. Dehors, la lune descendait vers l'horizon, baignant d'une lumière laiteuse les gazons, les glaïeuls et le Nil. Malgré l'atmosphère électrique, la plupart des assistants luttaient contre la torpeur et le sommeil.

Presque chaque membre du Conseil s'était exprimé longuement, souvent à plusieurs reprises, sur le projet Kanza, mais le rapport des forces au sein du Conseil était toujours indéterminé et les dirigeants profondément divisés.

Soudain, au bout de la table, un homme en treillis de camouflage, maigre, les joues creuses noircies de barbe, se leva. Dans ses yeux étroits brillait une lumière inquiétante. De ce Gaston Soumialot, président du comité militaire du Conseil national de libération, personne ne savait rien. Selon Philippe Decraene, chef de la rubrique « Afrique » au *Monde*, c'était un agent soviétique, qui avait très probablement le grade de colonel dans les troupes spéciales du KGB. Seule certitude : il avait longtemps séjourné dans les camps d'entraînement à Cuba. Ses gardes du corps, assis derrière lui, étaient d'ailleurs tous, sans exception, de magnifiques Afro-Cubains.

Soumialot, qui n'avait pas dit un mot depuis le début de la conférence, parla d'un ton sans réplique :

– Camarade président, camarades, la grande offensive sur le Maniéma central est prévue pour dans huit mois, au plus. Pour la mener hors de la forêt, en terrain découvert, dans la savane, il nous faut des armes efficaces, modernes, d'une puissance de feu élevée, des véhicules de transport de troupes rapides, des blindés, des liaisons radio perfectionnées, des canons contre les avions.

Sa voix métallique et désagréable frappait moins que sa logique glaciale, apprise dans les écoles du Parti à Moscou, Prague et La Havane. Elle était à des années-lumière des palabres agitées, et, somme toute, assez fraternelles de la plupart des autres membres du Conseil. L'assemblée, arrachée à sa torpeur, écoutait, partagée entre le malaise et la fascination.

– Camarades, l'offensive victorieuse est la condition pour l'établissement et la proclamation d'un gouvernement révolutionnaire. Sans gouvernement révolutionnaire, pas de reconnaissance internationale. Et l'absence de reconnaissance internationale, c'est l'assurance de retourner dans la forêt, d'y végéter. Et si le mouvement réchappe par miracle à la faim, aux maladies, il sera anéanti par nos dissensions internes. Comme tant d'autres mouvements de libération, nous serons voués à la désagrégation, à l'oubli et à la mort.

Un silence pétrifié s'était abattu sur la salle. Plus personne n'osait boire son thé ni froisser un papier.

– Nous ne pouvons risquer la défaite. Il faut que cette offensive soit victorieuse. Notre vie à tous, l'avenir, la survie de notre peuple en dépendent.

Brusquement, il pencha en avant son long corps maigre, appuya ses deux mains sur le bord de la table et foudroya l'assemblée :

– Or, seuls les Soviétiques peuvent nous fournir les armes de la victoire.

Tout à coup, le prophète se fit comptable :

– Hier, ici, sur l'aéroport de Juba, j'ai pris livraison du dernier chargement d'armes soviétiques, débarqué des transporteurs Antonov : vingt blindés légers Moskwa, quatorze mille fusils d'assaut légers, cinq cents caisses de munitions avec deux millions de balles, des M-16, des mines Ananas et six mille mitrailleuses lourdes Mag russes. De plus, j'ai reçu quinze mille fusils Kalachnikov A-47, des pistolets, des mitraillettes israéliennes Uzi avec leurs munitions, achetées exprès pour nous sur le marché gris par les camarades tchèques.

Cinglant, d'un ton fielleux :

– Dois-je vous rappeler que, sur le marché libre, un seul

blindé Moskwa coûte plus de trois millions de dollars ? Or, je n'ai pas le premier sou. Le budget du comité militaire, voté par le CNL, est ridiculement insuffisant.

Avec une sorte de perfidie menaçante, il se tourna vers Antoine Gizenga :

– Voudrais-tu extorquer des taxes encore plus élevées à nos paysans, à nos commerçants, à nos artisans des zones libérées ? Imposer des méthodes encore plus brutales à nos collecteurs clandestins de fonds ? Pressurer davantage les prostituées, les banquiers et les marchands des villes ? Tu sais bien que c'est impossible.

Soumialot balaya la salle d'un regard ironique :

– Le camarade Gizenga peut-il nous dire comment nous pourrions combattre, mener notre offensive, privés de blindés, de mitrailleuses, de canons antiaériens ? Comment nous pourrions vaincre, armés uniquement de nos vieux fusils repris aux soldats gouvernementaux et de nos grenades artisanales confectionnées par les mineurs ?

Il se redressa :

– A moins que le camarade Gizenga préfère que nos troupes d'assaut se fassent massacrer, afin de pouvoir retourner à Léopoldville pour y jouir de la vie paisible des repentis.

L'assemblée, sidérée, comprit qu'elle venait d'assister à l'éclatement du mouvement lumumbiste, que la haine déchirait déjà les principaux dirigeants.

Malgré les ventilateurs, l'air de la salle était devenu irrespirable. Christophe Gbenyie, hébété de fièvre, le visage labouré par les rigoles de sueur, regarda fixement les Afro-Cubains, assis derrière Soumialot, et les gardes soudanais, debout au-delà des baies vitrées. Craignant brusquement pour la sécurité physique des membres de l'aile modérée du Conseil, il leva la séance.

– La conférence est suspendue. Chacun rentrera chez soi, dans son lieu d'exil ou sa zone libérée respectifs. Chacun consultera son organisation, ses alliés, ses amis. Le Conseil national de libération reprendra ses travaux à une date ultérieure.

Sur une mince ligne rouge, au-dessus des palmiers, au-delà du Nil, l'aube chassait les brumes et avalait les ombres.

TROISIÈME PARTIE

I

En langue kiswahili, Maniéma signifie littéralement « la terre giboyeuse ». Habité par environ dix millions de personnes appartenant à presque toutes les grandes civilisations d'Afrique centrale et orientale, c'est un territoire de plusieurs centaines de milliers de kilomètres carrés de forêts vierges, de savanes, de lacs, de marécages, de massifs volcaniques et de fleuves, allant des rives du lac Tanganyika à l'est jusqu'au pays Mongo à l'ouest, de la vallée de l'Uélé au nord jusqu'aux confins des royaumes luba au sud. Un pays incroyablement beau où pendant la saison sèche, sous le soleil incolore, le ciel passe du bleu délavé au blanc le plus pur, où malgré les orages de l'aube et du crépuscule, l'air est doux ; où, le soir, la brise se lève et la lune transforme en décors fantasmagoriques les pics volcaniques, les forêts et les savanes. Les nuits sans lune, une obscurité couleur d'encre engloutit le paysage. Pendant la saison des pluies, sous le ciel agité et sombre, parfois traversé d'arcs-en-ciel, la chaleur est suffocante, l'atmosphère saturée d'humidité. Tout au long de la nuit, d'épais nuages blancs se poursuivent inlassablement.

Thomas Lusangi s'était établi à Uvonia. Avec ses 100 000 habitants, c'était la plus cosmopolite, la plus animée, la plus riche de toutes les cités du Maniéma. Née de l'or et ne vivant que pour lui, elle avait été construite dans une cuvette boisée à une dizaine de kilomètres à l'est du fleuve Congo sur l'emplacement des premières mines découvertes par les prospecteurs dans les années vingt. A l'est, se dressaient les collines volcaniques. A l'ouest, s'étendaient la savane, les rizières et les marais. Au nord, le Congo qui, dans cette région, porte aussi le nom de Luluaba, s'engouffre dans les rapides, interrompant toute navigation.

Le lac formé par le fleuve en face de la ville était tellement étendu que même en saison sèche et par temps limpide Thomas ne parvenait pas à voir l'autre rive. Une rivière, l'Alila, descendue des pics volcaniques, y jetait ses eaux brunâtres en un delta couvert d'arbres à fièvre et de mangroves.

Uvonia était surtout la capitale d'un empire : celui de la Compagnie minière du Haut-Maniéma qui exploitait quelques-uns des minerais les plus précieux du monde. Mais Uvonia n'en gardait que les déchets sous forme de terrils qui donnaient à certains quartiers de la ville un aspect lunaire. La matière noble, le platine, l'uranium, le manganèse, le germanium, le nickel, le cuivre, le cobalt vendus aux capitales occidentales quittaient Uvonia par trains entiers à destination du port minéralier de Stanleyville. Quant à l'or et au diamant, ils étaient exportés par avion.

Toute la ville était organisée autour de la mine. A proximité des premiers puits, de part et d'autre d'allées d'hibiscus, s'exhibaient les villas des techniciens, des ingénieurs, des commerçants, des militaires blancs et de leurs familles, luxueuses propriétés dotées de piscines et de jardins entretenus par des jardiniers baluba, tandis que les dizaines de milliers de mineurs, tous célibataires, s'entassaient dans de longs baraquements à quatre étages couverts de tôle, aux fenêtres grillagées, aux façades crasseuses, pompeusement appelés *hostels*, qui quadrillaient tout le fond de la cuvette jusqu'au pied des premières collines. Les ouvriers y étaient regroupés par « nation », selon leur ethnie, dans les différents « quartiers ». Chaque « nation » avait son chef, désigné par la Compagnie. Tous les matins, la ville se vidait de ses hommes qui à leur tour vidaient la terre de sa substance.

Avant de prendre son poste à la mine souterraine, Thomas voulut voir les mines à ciel ouvert. Sur les gradins découpés dans la roche, les mineurs procédaient à l'« abattage » du minerai après l'avoir dégagé de ce que les géologues appelaient des « stériles sous-jacents ». Les infrastructures d'accès se limitaient à des pistes où circulaient les pelles mécaniques, les sondeuses et surtout les camions qui transportaient le minerai jusqu'à la raffinerie de traitement et évacuaient les stériles vers les points de décharge.

Dans les mines souterraines, le minerai était extrait dans les galeries, dans les chambres ou dans des tailles. Les opérations d'abattage, d'évacuation, de soutènement et de remblayage y étaient souvent ralenties à cause de la forte inclinaison ou de la profondeur des filons situés parfois à plusieurs kilomètres sous terre.

Chaque puits était équipé de deux « descenderies » pour la circulation de l'air et, à partir des puits, de plusieurs voies, parallèles aux couches, d'accès au filon. Celles-ci se ramifiaient en voies secondaires où les mineurs dégageaient les blocs de minerai, évacués ensuite jusqu'au puits d'extraction par des chariots que poussaient des adolescents sur des rails courant le long de la galerie. Un monte-charge ramenait les blocs à la surface.

Pour l'or, le raffinage par amalgamation relevait exclusivement des techniciens blancs qui faisaient passer lentement la pulpe étalée en lames minces sur des feuilles de cuivre enduites de mercure.

Thomas découvrit très vite que le maître tout-puissant de cet empire s'appelait Stanislas Anthony Kvarner, alias Ariel Grünfeld. Président-directeur général de la Compagnie et son actionnaire principal, il passait pour l'un des hommes les plus riches du continent.

Thomas le vit un jour d'inspection : d'abondants cheveux blancs encadraient son visage parcouru de rides profondes. Septuagénaire, il devait passer pour séduisant, mais les Africains disaient que ses yeux très bleus ressemblaient au ciel de la saison sèche derrière les orbites d'une tête de mort. Il prononçait le swahili avec un fort accent russe et c'était bien le seul trait de sa personnalité qui fît sourire les Noirs.

Les poumons ravagés par le tabac noir roulé dans des feuilles de maïs, il toussait sans arrêt. Qu'il souffrît d'urémie comme un damné réjouissait les mineurs. Ils racontaient avec délectation que des milliers d'aiguilles martyrisaient son sexe dès qu'il pissait et qu'il avait promis la moitié de son empire à quiconque lui permettrait d'uriner normalement, ne fût-ce qu'une seul fois.

Il s'était établi à l'Ermitage, une somptueuse et gigantesque villa où il vivait seul bien qu'il eût de nombreux enfants de plusieurs femmes, tant au Congo, en Europe qu'à New York. Il ne leur témoignait qu'une attention distraite, laissant son secrétaire Valmont répondre à leurs demandes d'argent, lettres d'insultes, cartes de vœux. On lui connaissait beaucoup de maîtresses occasionnelles mais aucun ami. D'après Hubert Mathews, journaliste au *New York Times*, dont l'enquête avait été traduite par un journal de Léopoldville, le seul être qui lui était proche s'appelait Julius Greenfield. C'était son frère jumeau, chauffeur de taxi à Brooklyn. Ensemble, ils avaient fui une nuit d'hiver 1905 l'orphelinat juif – sorte d'établissement de redressement – de Minsk. C'étaient alors deux adolescents robustes et gais. Totalement insensibles aux bouleversements politiques qui agitaient leur pays, comme des milliers d'autres gamins, ils avaient erré dans les campagnes biélorusses avant de gagner Varsovie. De là, ils avaient entrepris une interminable traversée de l'Europe. A Anvers, Julius s'était engagé comme mousse sur un vapeur en partance pour l'Amérique tandis qu'Ariel avait pris le chemin de l'Afrique centrale. Il avait changé de nom dès son arrivée au Congo.

L'ordre régnait à Uvonia, et Ibrahim Ben Moussa, chef local de la police de sûreté, un chiite libanais de nationalité congolaise surnommé « le Turc » par les Africains, y était pour beaucoup. Bâti comme un gorille et tout aussi velu, dans la cinquantaine, doté d'une crinière sombre et d'impressionnantes moustaches noires, il avait un faible pour les grosses chevalières en or et en diamant, les cravates flamboyantes et les costumes de soie rose, trop légers pour qu'on ignore l'étui de son colt P-6. Violent, colérique, généreux avec ostentation, il recevait ses amis et courtisans à la Lampe d'Aladin, son night-club, la boîte la plus chic de la ville, réputée pour ses hôtesses mulâtres, asiatiques et blanches. Lui-même n'y touchait jamais. Il restait scrupuleusement fidèle à son épouse, fille d'un planteur du Sankuru, une femme d'âge mûr, aimable et rieuse, très belle, très rousse, aux yeux pâles et à la poitrine plantureuse. Avec elle, il oubliait ses complexes et ses contradictions ; sa soif de vivre s'exprimait sans son cynisme habituel.

Parrain du trafic de diamants entre le Kasaï, Bujumbura, Anvers et Tel-Aviv, il imposait sa volonté à presque tout le monde : associé à certains de ses trafics, Célestin Bomboko, général commandant en chef de la garnison d'Uvonia, lui était acquis, de même que Bonaventure Idi, commandant de la gendarmerie, qui, parmi ses nombreuses maîtresses, comptait une jeune mulâtresse, agent de la sûreté, dont il était très amoureux. Quant au gouverneur du Maniéma central, le Libanais le terrorisait. Chef d'une famille nombreuse, ce gros homme, dans la trentaine, vendait ses services au plus offrant sous prétexte que Léopoldville ne payait qu'irrégulièrement ses fonctionnaires. Il en avait pourtant honte. Périodiquement, le Turc lui rendait visite et susurrait : « Excellence, des bruits inquiétants courent sur votre compte. La corruption, quel fléau pour notre patrie ! Ne m'obligez pas à intervenir. » Le gouverneur protestait de son innocence, mais savait qu'il valait mieux accorder à son subordonné toutes les faveurs qu'il exigeait.

Sournois et brutal, Ben Moussa était universellement détesté, comme l'étaient ses deux adjoints Paul Bécaud, jeune Eurasien, fils d'un sénateur français et d'une Vietnamienne, et Blaise Bamouni dit « le Boiteux », qui avait perdu une jambe dans un attentat raté contre le dirigeant nationaliste d'Albertville, Gaston Sendwé. On redoutait d'autant plus ses sbires qu'ils ne dessoûlaient pas. En bon musulman, Ben Moussa ne buvait jamais et c'est très lucidement qu'il opérait dans les bureaux et cachots de la sûreté occupant toute l'aile sud et une partie du sous-sol de la caserne de la gendarmerie, située en haut de l'avenue Minsk. Aux prisonniers les plus importants, le Turc réservait la villa Sans Souci, la mal nommée, une propriété de style colonial, cachée par un rideau de bambous, au milieu d'un parc de lauriers-roses, dans la partie méridionale d'Uvonia. Lorsque le vent était au nord, les ingénieurs blancs et leurs familles étaient souvent réveillés la nuit par les hurlements des suppliciés. Les voisins s'en étaient plaints de nombreuses fois auprès de la municipalité, de la direction de la gendarmerie et même auprès de l'administration de la Compagnie. En vain.

Nul n'ignorait à Uvonia qu'une rivalité féroce opposait Ibrahim Ben Moussa au colonel Cermier. Ben Moussa haïssait l'arrogance et le mépris du vicomte, ses références fréquentes à son passé de saint-cyrien, ses prétentions intellectuelles et sa manie de la musique classique. Quant à Cermier, il tenait Ben Moussa pour un parvenu, un maquereau, un vulgaire trafiquant. Kvarner jouait de leur inimitié, utilisant le premier pour contrôler le second et flattant le second pour s'informer des agissements du premier.

II

Nommé à Uvonia, Thomas Lusangi refusa le pavillon mis à sa disposition par l'administration de la Compagnie dans le quartier des contremaîtres près de la Centrale électrique. Presque tous étaient blancs et le métis ne voulait plus être assimilé à eux.

Au cours d'une promenade, il avait découvert tout au nord du delta, entre les rives du lac et le grand étang, une paillote sur pilotis cernée de roseaux et de mangroves, visiblement à l'abandon. Aidé d'un pêcheur, il remonta les murs de roseaux et de terre sèche et refit le toit en feuilles de palmier tressées. Devant la paillote, la séparant de la berge, un vieux palétuvier poussait ses racines blanches hors de la terre marécageuse. Ses nuits étaient bercées par le coassement des grenouilles.

Sa vie était éreintante. Prenant son service à six heures du matin, il devait se lever avant l'aube pour gagner Uvonia après une heure et demie de marche à travers les rizières et les marais, sur des sentiers infestés de serpents durant la saison des pluies et traversés d'hippopotames pendant l'hivernage. Ces longues marches ajoutaient à sa fatigue physique, mais lui faisaient du bien. Il renouait avec les paysages de son enfance, avec la solitude. Il aimait cette vie frugale. Son seul luxe consistait à acheter aux marchandes holoholo des galettes de manioc et des beignets de crabe, dont il raffolait. Il les mangeait en contemplant le spectacle toujours renouvelé de l'eau, des oiseaux et des nuages.

L'entrée du puits de mine où travaillait Thomas était située en pleine ville, face à la grande poste, à côté de l'immeuble à façade de verre de la direction générale de la Compagnie minière du Haut-Maniéma. C'était une place désolée, sans un arbre, couverte de boue à la saison des pluies, vérolée de nids-de-poule à la saison sèche, baignant toute l'année dans un bruit assourdissant : grincement des ascenseurs dans les puits verticaux, stridence des foreuses, tonnerre lointain de la dynamite, ordres aboyés par les rares contremaîtres blancs à la multitude des ouvriers noirs, voûtés, recrus de fatigue, les vêtements déchirés, gris de poussière. L'or se trouvait à des profondeurs extrêmes et encore en faibles quantités. Les filons ne devenaient rentables que grâce à cette main-d'œuvre impitoyablement exploitée.

Thomas dirigeait une équipe de mineurs de fond, dans la mine d'or la plus profonde, la plus ancienne de l'empire, celle dont la tour d'extraction, les terrils, les lavoirs et les ateliers formaient le centre historique d'Uvonia. Il connaissait non seulement les quelque cinquante mineurs de son équipe, mais tous les ouvriers de surface qui assuraient la ventilation, le pompage de l'eau, l'exhaure, l'approvisionnement des chantiers, l'entretien des machines, la préparation des explosifs, la réparation des outils. Thomas avait compté qu'il y avait trois ouvriers de surface par mineur, quelle que soit la nature du minerai. Les travailleurs arrivaient à la saison sèche, certains n'avaient pas quinze ans. Les recruteurs de la Compagnie les rabattaient par villages entiers, du Kuvu, du Kasaï, du Katanga et même d'Angola. Dans l'enfer des puits, les Baluba souffraient avec les Lunda, les Bashi avec les Bafulero, et les chasseurs des plaines avec les Balese de la jungle.

Ils recevaient, tous les quinze jours, un salaire de misère et subissaient quotidiennement des humiliations, dont la pire était la fouille intime. A chaque remontée au jour, tous – à l'exception des contremaîtres – étaient alignés, nus, devant le dépôt des machines et exposés au jet puissant des lances à incendie. Débarrassé de la crasse du fond, chaque homme passait alors entre les mains gantées d'un surveillant blanc qui cherchait le minuscule diamant, la poudre d'or ou l'éclat du minerai argenté, cachés dans l'anus, sous la langue ou dans les replis du sexe. La suspicion était constante et constamment dégradante.

Une partie de l'équipe de Thomas ouvrait les grandes galeries transversales à la dynamite, mais pour les étroites galeries latérales les mineurs travaillaient au pic, au marteau et à la barre de fer. Muni d'une lampe à huile et d'un archaïque masque de protection, coiffé d'un casque métallique et vêtu d'un simple short, le métis surveillait ses hommes rampant sur le dos ou sur le ventre à travers les boyaux, tandis que d'autres, couchés, agenouillés ou accroupis, arrachaient des blocs de plus de cent kilos à la paroi rocheuse. Des ouvriers les entassaient dans des chariots de fer que des adolescents traînaient le long des galeries transversales jusqu'aux ascenseurs. Huit heures d'affilée, ils restaient sous terre. C'était pour eux comme une fatalité, une malédiction impossible à combattre. Les morts, les mutilations, les accidents étaient si nombreux qu'un unique but les hantait : survivre. Une unique ambition : ramener dans leur village un pécule pour soulager une misère encore plus grande que la leur.

Peu après son arrivée dans la mine d'or, Thomas avait échappé lui-même, par miracle, à un coup de grisou. Pendant qu'une première équipe forait des trous en étoile où les dynamiteurs allaient placer leurs charges afin d'ouvrir une nouvelle galerie, l'équipe de Thomas attendait, à distance réglementaire, dans la galerie d'accès. Une poche d'eau avait crevé la paroi au moment de la détonation. Un véritable torrent avait envahi la galerie, suivi d'un nuage de méthane. Avant même que ne retentissent les sirènes, le gaz avait explosé. Des cent soixante-dix mineurs se trouvant au fond, cinquante-quatre avaient été tués sur le coup, dix-sept grièvement blessés et vingt avaient été portés disparus. Thomas était parmi ceux que les équipes de secours avaient réussi à ramener indemnes à la surface.

Exerçant un métier dangereux et éreintant au fond, les mineurs connaissaient à la surface une vie sordide, dans leur triste hostel de ciment gris dont le climat des tropiques fissurait les murs. Ils étaient parqués à douze par chambre, sur des châlits superposés, dans des pièces à peine ventilées par une unique et étroite ouverture grillagée qui donnait sur une cour intérieure, entièrement occupée par les cuisines – de simples marmites posées sur la braise –, les bacs à lessive et une série de trous en guise de latrines.

Dans la promiscuité des chambrées éclairées à la bougie, la frustration sexuelle et la haine ravageaient la plupart des mineurs. Une cérémonie initiatique bafulero, un tambour de deuil muluba résonnant dans un hostel voisin, une bagarre d'ivrognes dans une cantine, le geste insultant d'un adolescent, le moindre incident suffisait à allumer la mèche et faire exploser la haine. Armés de « xac-xac », ces poignards découpés dans des boîtes de conserves, de massues garnies de clous, de couteaux à pointe empoisonnée, de machettes, les hommes des « nations » se ruaient les uns sur les autres, s'étripant, s'égorgeant, se mutilant avec fureur.

Au début, ce climat de violence sidérait Thomas. Il comprit vite. C'était moins les sinistres conditions de travail et de vie qui sapaient les mineurs que l'absence totale d'espoir. Consciemment ou inconsciemment, ils savaient que leur vie active, souvent leur vie tout court, s'achèverait, au mieux, à quarante ans : les mineurs « dégagés », selon le terme officiel de la Compagnie, étaient alors renvoyés avec une misérable indemnité dans leur village. Et dans quel état ! Les poumons troués par la silicose, ravagés par la tuberculose, crachant le sang, décharnés. Seuls quelques privilégiés étaient retenus comme gardes, miliciens ou auxiliaires de sécurité. Ceux-là recevaient un salaire plus ou moins convenable, pouvaient faire venir leur famille et mener une vie à peu près décente.

Éperdus de gratitude envers la Compagnie, la plupart se transformaient presque aussitôt en persécuteurs de leurs anciens compagnons, plus zélés encore que les Blancs parce qu'ils avaient plus à perdre.

Les rares fois où il y avait eu des troubles à Uvonia, la piétaille des sous-hommes quotidiennement avilis s'était férocement vengée sur ces kapos recrutés parmi eux. Et les Blancs, qui pourtant n'intervenaient jamais dans ce qu'ils appelaient des querelles de nègres, avaient réagi sur-le-champ. Ils méprisaient les victimes, mais elles constituaient leur zone tampon, leur cordon sanitaire. Un exutoire idéal : en cas d'émeutes, toujours possibles, de révolution plus improbable, c'était leur première ligne, une fragile citadelle humaine, digne à ce seul titre d'être renforcée et défendue. Juste derrière, c'était au tour des Européens d'y passer, bien que le risque fût minime : une fois égorgés quelques-uns de ces kapos noirs, la fièvre des mineurs retombait et la répression glaçait leurs ardeurs.

Ce système cynique, ce massacre fratricide programmé inspiraient à Thomas un surcroît de compassion pour les Noirs et de mépris pour les Blancs.

III

Dans le climat de violence et d'insécurité né de l'écroulement de l'ancien ordre colonial et de la montée de la guerre civile, le Maniéma central renouait avec sa religiosité ardente. Les mystères, les rites, les promesses de la foi semblaient le seul recours contre l'angoisse et le désespoir. Même parmi les adolescents scolarisés, parmi les femmes et les hommes ayant depuis longtemps quitté leur village, un nombre toujours croissant d'Africains tentaient de trouver dans la religion une explication aux bouleversements d'un monde qu'ils ne comprenaient plus. La peur du lendemain les hantait; pour certains d'entre eux, la fin des temps semblait proche. En quête d'identité, ils se raccrochaient à l'enseignement de leurs pères enfoui dans leur mémoire. L'islam, notamment, vivait à Uvonia une renaissance étonnante.

Parmi toutes les confréries musulmanes dont les prédicateurs sillonnaient la ville et ses environs, galvanisant des auditoires enthousiastes et fervents, celle des mahdistes était devenue rapidement la plus puissante. Ils rappelaient à leurs adeptes la prophétie de Ibn Khaldun : « A la fin du monde, un homme de la famille de Mohammad paraîtra pour renforcer la religion et faire triompher la justice. Les musulmans le suivront et il régnera sur la terre. On l'appellera le Mahdi. » Depuis le XIVe siècle, les sectateurs attendaient. Mais tous n'étaient pas d'accord. Dans les forêts, les savanes et les montagnes de l'Est, les prédicateurs se combattaient, jetant parmi les foules les brandons de la discorde. Les « orthodoxes » notamment n'attendaient plus. Ils se réclamaient d'un Arabo-Nubien, le cheikh Mohammed Ahmed Ben Abdallah. Prétendant que le prophète et l'ange Gabriel lui avaient ordonné de chasser d'Afrique les intrus, il avait pris le titre de Mahdi en 1872 au Soudan et, un matin d'avril 1885, avait exterminé l'armée anglo-égyptienne et tué son chef, le général Gordon, dans Khartoum en feu. Au Maniéma, son prestige était grand. Dans toute l'Afrique orientale et centrale, d'autres Mahdis en grand nombre s'étaient levés au gré des catastrophes naturelles, des guerres et des famines, tout au long du siècle. Chacun avait fondé sa propre secte dont les prédicateurs maintenant annonçaient la promesse.

Le zèle agressif et l'anathème jeté sur les infidèles par les confréries et les sectes mahdistes suscitèrent à Uvonia des réactions brutales chez les Noirs animistes ou catholiques de fraîche date.

Une fin d'après-midi de mars 1963, revenant de la mine dans le bruit et la puanteur des innombrables vélomoteurs circulant le long de la grande mosquée, Thomas entendit un vacarme, des coups de feu et des cris. De la cour ouverte de la medersa rattachée à la mosquée et où d'habitude, parmi les chèvres et les poules, les enfants apprenaient par cœur le Coran, il vit une foule gesticulante, bruyante, au comble de l'excitation. Un badaud lui expliqua qu'en ce jour de l'Aïd-al-Fitr, fête de rupture du jeûne, des chrétiens, aux scarifications raffinées, avaient lâché un cochon noir parmi la foule compacte des fidèles. La plupart des profanateurs s'étaient rapidement dispersés dans le dédale des rues avoisinantes, sauf trois d'entre eux qui avaient été attrapés par les musulmans. Acculés à un mur de la medersa, paniqués, ils avaient sorti de leurs poches leurs « xac-xac ». La foule furieuse les encerclait. Tout à coup, Thomas reconnut les sacrilèges. C'était Lazare, un jeune Sonye, Hatima, un réfugié tutsi d'une vingtaine d'années, et Boniface, un Muluba qui tous trois faisaient partie de son équipe.

Le métis, fendant la foule des assiégeants, se rua dans le cercle et s'interposa entre les musulmans déchaînés et les jeunes mineurs. Dehors, les pétarades des vélomoteurs avaient cessé, toute la circulation s'était arrêtée. La rue était noire de monde, les gens se pressaient dans la cour poussiéreuse. Suffoqué par l'odeur d'essence, de sueur et des feux du soir portés par le vent d'ouest, Thomas Lusangi se dressait, bras écartés, devant les jeunes gens terrorisés. Dans leurs vastes djellabas blanches, les fidèles des premiers rangs étaient comme frappés de stupeur par l'irruption du contremaître métis. Tous connaissaient le « Bula Matari », celui qui « casse les pierres », surnom admiratif que lui avait valu son habileté dans le maniement de la dynamite pour dégager les hommes fréquemment emmurés par un éboulement de rocher ou l'effondrement d'un soutènement. Mais, tout respecté qu'il fût, il n'était ici qu'un infidèle.

Un grand barbu aux yeux noirs, la tête chauve couverte de la petite calotte blanche, armé d'un poignard courbe, avança sur lui :

– De quoi te mêles-tu, chien de métis ?

Thomas ne répondit rien, protégeant de son corps le mince espace qui séparait les trois hommes de la foule.

– Écarte-toi si tu ne veux pas mourir toi aussi ! Dégage !

Thomas sentit sur son visage l'haleine du barbu. D'une voix mal assurée, il plaida :

– Ces hommes sont des mineurs de mon équipe. Quel que soit le crime dont tu les accuses, ils méritent un jugement équitable. Je ne bougerai pas.

Le barbu éclata d'un rire qui équivalait à une condamnation. La foule excitée était prête à la curée. Brusquement, fendant la cohue, écartant le barbu d'un geste, un vieil homme s'interposa. Thomas reconnut à peine l'imam. Seule la voix véhémente du barbu parvenait à ses sens.

– Ces criminels ont commis un sacrilège. Ils ont souillé la maison d'Allah et insulté la mémoire du Prophète. Ils méritent la mort.

Thomas fixait les yeux gris de l'imam. La voix du vieillard le fit sortir de son hébétude :

– Aujourd'hui, c'est la fête de l'Aïd-al-Fitr, jour de réjouissance. Et cet homme est le Bula Matari. Je le bénis. Il a sauvé beaucoup des nôtres. Qu'il sauve les siens. Qu'il emmène ces criminels et les punisse selon sa loi.

Comprenant que les blasphémateurs allaient échapper au châtiment, la foule regimba. Imperturbable, l'imam imposa le silence et, d'une voix étonnamment puissante pour un vieillard aussi frêle, récita les sourates du pardon. Quand il eut fini, la tension était retombée.

Thomas l'interrogeant du regard, l'imam, d'un battement des paupières, l'invita à partir. La foule s'ouvrit. Suivi des mineurs, toujours tremblants de peur, il regagna la rue, héla un taxi et ramena chacun dans son hostel.

IV

La rébellion progressant dans le Nord et l'Est, la Compagnie chercha à écouler sa production par le Sud, via la vallée du Benguéla, vers les ports de l'Angola. C'est ainsi que débarquèrent à Uvonia des techniciens et des cheminots de la société de chemin de fer portugaise du Benguéla. Presque tous étaient d'anciennes victimes de Salazar, bannis du Portugal après de lourdes condamnations pour leurs opinions démocratiques et anticolonialistes. A la stupeur générale, ils manifestèrent d'emblée respect et sympathie aux Noirs. Certains, parlant le swahili, passaient leurs nuits à discuter avec les mineurs dans les hostels. Jamais auparavant des Blancs n'avaient pénétré dans ces quartiers ni parlé d'égal à égal avec les ouvriers noirs. D'abord méfiant, Thomas comprit que tout collaborateur blanc de la Compagnie n'était pas nécessairement un ennemi. Il se lia d'abord avec un cheminot de son âge dont la silhouette trapue, la tignasse noire et les yeux charbonneux étaient typiques des gens de la vallée du Duro où il avait milité au Parti communiste. Joaquim de Moura l'avait payé de huit ans dans la forteresse maritime de Caxias où chaque marée haute faisait monter une eau putride jusqu'à sa poitrine. Joaquim lui présenta Jose Vasconcelos, ingénieur des télécommunications qui avait purgé des années de prison pour avoir tenté d'organiser un syndicat clandestin aux PTT de Lisbonne.

Pour Thomas, chaque rencontre racontait un nouvel épisode de la féroce dictature portugaise. Il le lisait sur le visage défiguré de Pedro Mariano, technicien aux travaux publics, et de son cousin Justinho de Farias, tous deux militants de la IVe Internationale, qui avaient subi ensemble les interrogatoires de la PIDE. A cinquante ans, leur figure couturée en accusait vingt de plus. Thomas comprit aussi que les persécuteurs peuvent démolir un homme sans laisser la moindre cicatrice quand il rencontra Luis Carlos Perreira. Ce jeune ouvrier de l'Alentejo, à peine sorti de l'adolescence, n'avait jamais vraiment retrouvé le sommeil depuis que la police de Salazar l'avait empêché de dormir pendant près de six semaines. Transformé en une sorte de zombie par l'insomnie, le regard vitreux, le teint cireux et bouffi, la démarche traînante, il formait un contraste tragi-comique avec le très solide Itamar de Oliveira qui l'avait pris sous sa protection comme s'il se sentait une dette : ex-grutier aux chantiers navals de Setubal, Oliveira estimait qu'il s'en était bien sorti avec à peine trois ans de prison pour fait de grève.

Tous les Portugais vouaient une sorte de vénération à Luis da Costa-Lima. Thomas l'avait déjà repéré à sa haute stature, maigre et sèche, se demandant pourquoi il ne sacrifiait pas les quelques rares mèches jaunâtres de son crâne presque chauve qui juraient avec son épaisse moustache blanche. En rencontrant son regard très bleu et extraordinairement bon, Thomas éprouva une immédiate sympathie pour le vieux monsieur.

Au fil de leurs rencontres, Thomas apprit que Costa-Lima était le fils d'une vieille famille de Juifs marranes de Coimbra. Comme le terme ne lui disait rien, Luis raconta l'exil des Juifs d'Espagne depuis 1492 avec une fougue qui stupéfia Thomas. Costa-Lima s'en excusa presque en lui confiant qu'il avait été professeur de philosophie, spécialiste de Spinoza à l'université de Coimbra, jusqu'à son arrestation en 1945 comme responsable de la résistance antifasciste de la région. Pendant dix ans, il avait partagé à Caxias la cellule d'Alvaro

Cunhal, le légendaire secrétaire général du Parti communiste portugais.

La seule femme du groupe, Sarah Ferreira, était l'épouse de Don Luis depuis trente ans. On avait peine à croire à tant d'épreuves traversées en la regardant : elle avait un port de tête royal, des yeux incroyablement rieurs et, ce qui ne gâtait rien, en digne fille de la diaspora juive d'Égypte, était sans conteste la meilleure cuisinière de tout Uvonia.

Insensiblement, les Portugais apprirent à Thomas et à ses amis à décrypter les statistiques publiées par la Compagnie, leur expliquèrent le fonctionnement de la bourse des métaux de Londres qui fixe, seconde après seconde, les prix d'achat et de vente. Désormais chacun sut décortiquer les méandreuses stratégies politiques, militaires et financières de la Compagnie, de ses alliés et de ses ennemis.

Stimulé, curieux, Thomas lut les œuvres de José Martí, de Kwameh N'Krumah, de Mehdi Ben Barka, de Jomo Kenyatta, d'Agostinho Neto, de Frantz Fanon, mais aussi de Baruch Spinoza, dans les volumes usés, surchargés d'annotations manuscrites, prêtés par les Portugais. C'était comme une seconde naissance. Il lisait sans arrêt, à la moindre occasion, avec une avidité de boulimique. L'immeuble ocre du centre-ville où vivaient les Portugais était devenu sa bibliothèque, son école, sa maison. Souvent, il se rendait directement au premier étage, dans le petit appartement austère où logeaient Doña Sarah et Don Luis. L'ancien professeur de Coimbra luttait constamment contre l'idéalisme confus du jeune homme, dirigeait ses lectures avec rigueur, sans cette démagogie qui avait empoisonné ses rapports avec le père Grégoire. Il se retrouvait fréquemment, à une heure avancée de la nuit, assis sur le canapé vert, face aux fauteuils de Doña Sarah et de son mari, discutant pied à pied.

Un soir, se sachant surveillé par la Sûreté et craignant à chaque instant d'être arrêté, Don Luis lui fit une sorte de déclaration solennelle :

– Thomas, il n'existe pas de conscience claire, de raison objective, de sens de l'histoire que tu pourrais, d'un geste, décrocher du ciel, posséder une fois pour toutes, pour te l'approprier. Nous avançons constamment entre la nuit et la lumière, le clair et l'obscur.

Un peu gêné, il s'interrompit :

– Sarah, ta *kobeba*, elle vaut celle des meilleurs restaurants libanais. Tu es un as !

– Je sais, je sais, toi aussi tu es un as. Continue un peu pour voir.

– Ne sois pas moqueuse. Il faut que Thomas sache que la nuit, c'est l'erreur ; que la vérité, c'est la lumière. Qu'entre les deux, l'antinomie est absolue. Que notre lieu de vie, c'est le crépuscule, qui est aussi le moment le plus vrai de la journée. Même si toute naissance est contingente, conjoncturelle, apparemment dictée par l'arbitraire, même si l'homme est d'abord objet de nécessité, par la connaissance et par le bonheur, il devient sujet. C'est ce que nous apprend Spinoza.

Don Luis lui parla du tableau de Rembrandt appelé *La Ronde de nuit*. Thomas ne le connaissait évidemment pas.

– Tu le verras peut-être un jour. Tu verras que Rembrandt illustre parfaitement cette errance. Nous sommes toujours dans l'inadéquation, le décalage. Mais, comme dans son tableau, la recherche de la clarté repousse l'incertitude. Avançant entre la lumière et la nuit, nous sommes les veilleurs de l'espérance.

Don Luis eut un long silence, écoutant l'orage qui se déchaînait sur la ville.

– Nous avons l'infini de l'amour parce que nous y participons. L'opiniâtreté, la persévérance sont les valeurs les plus élevées auxquelles un homme puisse accéder.

Doña Sarah sentait Thomas désarçonné. Instinctivement, elle prit le relais.

– Don Luis a raison ou plutôt Spinoza a raison, quand il dit que quiconque progresse dans la connaissance de soi ne peut que profiter de ses erreurs. Elles l'aident à grimper dans l'échelle du savoir. La substance infinie, l'être total, ce soleil proche et pourtant toujours caché, comment le nommer, sinon Dieu ?

Thomas sursauta : depuis ses années à la mission de Niangala, il avait appris à détester la foi qui dégénère en religion, en militarisation de l'esprit. Et voilà que soudain, grâce au Juif marrane et à sa femme, il était prêt à admettre qu'une mystérieuse providence gouvernait sa vie.

Plus troublé que jamais, Thomas prit congé. A travers la ville endormie où ne circulaient plus que les camionnettes jaunes de la Sûreté et les Jeep des miliciens, il marcha droit devant lui.

Il savait que depuis l'arrivée des Portugais sa vision du monde, son caractère et sa conduite avaient changé. A défaut d'être plus heureux, il se sentait plus humain, plus conscient. Réveillé.

Au fil de ses lectures, de ses discussions, les notions de solidarité, d'organisation et de combat remplaçaient ses anciennes valeurs chrétiennes de miséricorde et de bonté dont il connaissait désormais les sordides limites : au lieu d'aspirer à une douteuse charité, il exigeait maintenant la justice.

Ses compagnons mineurs l'avaient arraché une première fois à la solitude de la forêt. L'estime des Portugais l'arrachait à l'ignorance mais aussi au doute de soi. Il découvrait l'ascendant qu'il exerçait sur les hommes de son équipe, la force collective qu'il était capable de mobiliser. Ce sentiment nouveau le remplissait d'orgueil et d'inquiétude. Désormais, il exerçait avec passion ses responsabilités de contremaître, se découvrant une réelle compétence. Côtoyer quotidiennement les ingénieurs et les administrateurs blancs l'avait aguerri. Il s'apercevait avec un certain cynisme que son autonomie, sa fermeté à leur égard lui valaient l'estime des Blancs et l'admiration des Noirs. Son prestige grandissait. Il n'en était pas peu fier.

Lorsque les Portugais commencèrent prudemment à recruter les premiers militants autochtones pour le syndicat clandestin qu'ils se proposaient d'organiser, Thomas Lusangi se porta volontaire, bientôt suivi de Lazare, de Boniface et d'Hatima, qui ne le quittaient plus depuis l'épisode de la medersa. Avec eux, les bannis organisèrent des cours d'alphabétisation dans les hostels. Ils appliquaient la toute récente méthode du Brésilien Paulo Freire, dite pédagogie de l'opprimé, qui, à travers l'acquisition du langage et de l'écriture, conduit l'élève à la prise de conscience de sa propre situation de dépendance. Avec succès : les cours d'alphabétisation se transformèrent rapidement en séances d'éducation politique. Les militants clandestins expliquaient le fonctionnement et les causes de leur exploitation aux mineurs. Le reste venait tout seul : de la connaissance naissait la conscience. De la conscience, la solidarité.

A Uvonia et dans les campements miniers alentour, lentement, imperceptiblement, un miracle s'accomplissait. Les réseaux secrets créés par les Portugais s'étendaient, pénétrant les hostels et les cantines de presque toutes les « nations ». Leur pédagogie patiente parvenait à éteindre le volcan, à domestiquer la haine. Dans les baraquements, les cuisines et les puits, les expéditions punitives, les affrontements vengeurs, les luttes fratricides se raréfiaient. Un sentiment presque fraternel unissait ce qui la veille encore était un monde clos d'esclaves.

Le congrès constitutif du syndicat clandestin des mineurs du Maniéma central eut lieu au milieu de la saison sèche 1963, un dimanche de juin, dans un vaste hangar, perdu dans les rizières qui séparent les faubourgs occidentaux du delta. Près de six cents délégués issus de toutes les principales ethnies, de presque toutes les catégories professionnelles et de la plupart des puits du Maniéma central y participèrent.

Flattant assez habilement son ambition personnelle et son goût du pouvoir, sûrs de son courage physique et de son intelligence, les Portugais convainquirent Thomas de se porter candidat au poste de secrétaire général.

Élu à une forte majorité, le métis prit comme nom de code « Kasongo », en hommage à Simon Kasongo, le chef des esclaves insurgés qui, en 1876, avaient brûlé le campement de Tipo-Tip et égorgé les esclavagistes arabes.

V

Vêtu d'un long manteau en peau de singe, les orbites vides, le torse décharné entamé d'une plaie ouverte, mangé par la lèpre, le bras droit terminé par un moignon, Kagamé, le sorcier aveugle d'Uvonia, avançait dans les rues, chancelant sur ses pieds mutilés, les deux derniers doigts de sa main gauche crispés sur un gros bâton d'acajou orné de dents de lion et de plumes de perroquets. Malgré la maladie et la misère, une dignité, une majesté, une autorité indiscutables émanaient de lui. Nul n'aurait songé à se moquer malgré la batterie de boîtes de conserve pendant à sa ceinture que la direction de la Compagnie lui avait imposée pour écarter les passants. Loin de le fuir, les enfants, les femmes, les mineurs, les gardiens, et même quelques ingénieurs blancs s'arrêtaient à ses côtés et le saluaient : les hommes courbaient la tête, certaines femmes se mettaient à genoux, les plus craintifs se prosternaient, touchant trois fois la terre de leur front. Il marquait une pose et, titubant comme un ivrogne, poursuivait sa route sans répondre ni aux saluts ni aux prières. Il ne parlait que la nuit, d'une voix cassée, aux gens qui venaient le consulter. Ses rares paroles étaient autant de prophéties.

Un soir que Thomas, sortant de la mine écrasé de fatigue, marchait sur l'étroit sentier pour regagner sa paillote, il le vit surgir des roseaux. Kagamé, posant son moignon sur son épaule, le contemplant de ses yeux morts, parla.

– Lumumba a dit : « Un plus grand viendra après moi. Né

comme moi du ventre d'une femme batetela. Un homme jeune, rempli de sève et de puissance. Il donnera le *dawa*. Il achèvera mon œuvre. Son nom sera béni. Et sa victoire sera de gloire et de liberté. » Cet homme, c'est toi.

Thomas était moins pétrifié par l'apparition du sorcier que par sa référence à Lumumba. Pour lui, Kagamé relevait de l'intemporel. Il leva les yeux aux cris des cormorans qui dessinaient leurs rondes élégantes dans le ciel du delta. Quand il abaissa le regard, Kagamé avait disparu.

A la dernière nuit de chaque lune, les chefs de toutes les « nations » conduisaient leurs adolescents les plus vigoureux, les plus éveillés, devant Thomas qui les attendait assis sous l'arbre à fièvre, à l'extrême limite du delta. Leur route était dangereuse. Il leur fallait franchir les barrages de l'armée, s'engager sur la piste reliant la ville aux rizières et peiner, parmi les ronces, sur l'étroit sentier qui menait à l'arbre. Lorsque les patrouilles étaient nombreuses, les postulants n'arrivaient qu'avec le soleil. Sous le ciel enflammé, Thomas recevait leurs cadeaux : des calebasses de bière de banane protégées de feuilles humides, du miel sauvage, des peaux de léopard, des grigris, des amulettes sculptées dans des ossements humains. Dans le creux des racines de l'arbre reposait la marmite du dawa, macération puante d'herbes sacrées, de poils de lion, de sang d'antilope et de buffle à laquelle, depuis la nuit des temps, les peuples du Maniéma, toutes ethnies confondues, attribuent des propriétés magiques. Quiconque en recevait sur le front quelques gouttes était immunisé contre la mort. A côté de la marmite, magnifique et menaçant, le sorcier aveugle surveillait la braise, remuait le liquide en murmurant les formules sacrées.

Un à un, les jeunes gens, poussés par leurs chefs, s'avançaient :

– *Iko Wangu ?* (Est-il à moi ?), demandait le métis.

– *Iko Wajo* (Il est à toi), répondait le chef.

Selon le rite ancestral, l'adolescent s'agenouillait. Kagamé tendait le gobelet rempli du liquide noirâtre et nauséabond à Thomas qui, y plongeant trois doigts de sa main droite, dessinait un cercle sur le front du postulant, en faisant un initié. Désormais appelé *simba* (lion en swahili), il respecterait les interdits alimentaires et sexuels de son nouvel état et éviterait tout contact avec les personnes non initiées : avec ses compagnons marqués par le dawa, le simba constituerait un peuple à part de guerriers.

Les Portugais, pourtant très hostiles aux nouvelles attributions de leur protégé, avaient compris le parti qu'on pouvait tirer de cette sorte d'adoubement : les initiés seraient le bras armé du syndicat. Mais armé de quoi ? La tradition voulait qu'à peine oint du dawa, les simba reçoivent les instruments de leur nouvelle dignité. Le syndicat ne possédant pas assez de fusils, Thomas devait souvent tendre aux adolescents éperdus de fierté de simples bâtons peints ou des lances grossières tirées d'anciennes cachettes constituées par Kagamé.

VI

Au début de la saison des pluies 1963, l'immense bassin congolais n'était plus qu'un chaos sanglant. Thomas et ses amis écoutaient les bulletins d'informations de la BBC World Service ou les émissions en langue portugaise de Radio Moscou. José Vasconcelos réussit à bricoler un récepteur assez puissant pour capter les bulletins de la Radio rebelle de Juba. Ils y apprirent qu'à l'aéroport intercontinental de Ndjili, près de Léopoldville, de gros porteurs Hercule de l'aviation américaine, des Galaxie français et belges atterrissaient nuit et jour, déchargeant des blindés, des canons, des automitrailleuses, des tonnes d'obus, mais aussi des spécialistes afro-américains dits de « contre-insurrection », des officiers français déguisés en coopérants, des mercenaires blancs, noirs, jaunes et des agents secrets.

Tous savaient que le gouvernement congolais mis en place par Washington, Paris et Bruxelles après l'assassinat de Patrice Lumumba ne contrôlait plus à présent que les grandes villes, les principaux axes routiers et fluviaux, la côte atlantique, les régions minières du Katanga, du Kasaï, du Kivu et du Maniéma, ainsi que les bases militaires de Kamina et de Goma. Des révoltes de la faim, des jacqueries sauvages, la guerre civile ravageaient le reste du pays. Au Katanga, Godfroy Munongo, arrière-petit-fils de M'Siri, empereur des Bayéké, ayant fait cause commune avec les puissances occidentales, se voyait assiégé dans son fief par des dizaines de milliers de guerriers baluba venus du Kasaï, tandis qu'une véritable armée qui était équipée de canons, de moyens de transport et de communication modernes, commandée par un Antillais, progressait dans les jungles du Nord et les montagnes du Nord-Est.

Dans la province du Kwilu, à quelques centaines de kilomètres seulement au sud-est de Léopoldville, les maquisards, conduits par Pierre Mulélé, contrôlaient à présent des centaines de cités, de bourgs et de villages et toute l'interminable savane s'étirant entre les fleuves Kwango et Kwilu. Depuis le début de l'année, ils infligeaient défaite sur défaite aux troupes gouvernementales. Par Radio-Juba, Thomas apprit qu'au Haut-Kivu, sur les rives des lacs Albert et Édouard, les travailleurs des plantations de thé, d'hévéas, de café et de bananes avaient brûlé les récoltes, coupé les pistes et assassiné les gérants blancs et leurs familles. Ailleurs, dans les campagnes reculées de l'Ouest et du Centre, l'anarchie semblait totale, chaque chef de village imposant sa loi.

Les troubles favorisaient aussi l'émergence d'étranges messies : dans le territoire de Masisi, un métis, ancien auxiliaire de l'administration coloniale belge, après s'être fait couronner sous le titre de « Bwana Kitoko » (Grand Blanc, en swahili), avait fait prisonniers les commerçants et prospecteurs européens de la région. Revêtus de pagnes, ils avaient dû parader, la corde au cou, à travers les villages et avaient fini brûlés vifs sur de grands bûchers érigés aux carrefours. Dans une région voisine, un certain Bushiri autoproclamé « Yesu Mugombzi », le « remplaçant de Jésus », soulevait les foules en annonçant l'avènement du royaume de Dieu exclusivement peuplé de Noirs.

Depuis son congrès constitutif en juin 1963, le syndicat clandestin des mineurs du Maniéma peinait à implanter dans les mines et les hostels une organisation puissante, structurée, à l'abri des infiltrations. La faute en incombait principalement au secrétaire général.

Conscient de ses qualités d'excellent animateur, de bon théoricien et de dirigeant chaleureux, Thomas reconnaissait aussi ses faiblesses en tant qu'organisateur et administrateur. Sur le conseil de Don Luis, il délégua donc sans amertume à Hatima l'implantation du syndicat dans les mines. Aidé par les Portugais, par Lazare et Boniface, le Tutsi s'acquitta à merveille de cette tâche. Il mit en place une structure pyramidale remarquablement cloisonnée garantissant une sécurité maximale à ses membres et une très efficace capacité de mobilisation. A la base, les cellules, animées par un responsable, regroupaient sept à onze mineurs de la même galerie ou du même hostel. Au-dessus d'eux œuvrait le comité de la mine chapeautant les cellules d'un même puits. Puis venait le comité régional qui contrôlait les comités d'Uvonia, Shabunda, Pangi, Kalima, et des autres provinces, mais encore les comités des ateliers de réparation, des centrales hydroélectriques, des stations de pompage, du chemin de fer et des raffineries. Au sommet de la pyramide siégeait la direction clandestine du syndicat, composée de onze personnes, élues par le congrès.

A tous les échelons, les mesures de sécurité étaient draconiennes : les militants de base ne connaissaient que leurs camarades de cellule et le pseudonyme de l'agent de liaison de l'instance supérieure. Le code de communication entre les comités et la direction changeait toutes les semaines. Chacun des responsables s'abritait derrière un nom d'emprunt.

Pourtant, en dépit de ces dispositions et de la discrétion exemplaire des militants, la rumeur de la naissance d'une organisation de combat parmi les mineurs circula vite, inquiétante pour les uns, formidablement encourageante pour les autres, notamment pour le chef de l'Armée du Nord qui tenta plusieurs fois d'entrer en contact avec le syndicat par l'intermédiaire de Carlo Siniscaldi, un communiste italien d'une quarantaine d'années qui circulait habillé de la soutane blanche des pères salésiens.

Un soir, sur le chemin qui traverse les rizières, Siniscaldi avait abordé Thomas qu'il ne connaissait qu'en tant que contremaître à la mine jouissant d'une certaine influence sur les mineurs. Ignorant tout de leurs fonctions clandestines respectives, ils avaient échangé quelques paroles.

Dès le début de la saison des pluies de 1963, le Conseil national de libération, établi à Brazzaville, soumit la direction clandestine du syndicat à une pression intense par l'intermédiaire des services secrets cubains qui assuraient les communications du Conseil. José Vasconcelos était leur homme à Uvonia. Presque à chacune des réunions de la direction, José remettait au syndicat les messages décodés provenant de Brazzaville, leur enjoignant de se mettre au service de la cause commune au plus vite. Les discussions passionnées, les affrontements nombreux n'ébranlèrent jamais le secrétaire général. Prévenu des profondes inimitiés qui déchiraient le CNL, il opposait son veto, refusant obstinément de rejoindre la révolution lumumbiste. Il savait trop bien aussi ce que la révolution signifierait pour Uvonia : à cause de l'abject système de surveillance mis en place par la Compagnie, les mineurs s'en prendraient d'abord aux kapos noirs. Et une fois accomplie cette vengeance fratricide, la fragile solidarité des mineurs volerait inévitablement en éclats. Ce serait tout le contraire d'une libération. Ce n'était pas l'idée qu'il se faisait de la révolution. Il ne voulait pas devenir l'artisan de cet échec.

VII

Chaque quinzaine, au cœur d'une foule d'avance humiliée par l'interminable attente, Thomas venait toucher son salaire au guichet des Blancs. Ce jour-là, il faisait une chaleur suffocante. Les hommes ruisselaient de sueur, avachis de fatigue et de soleil. Soudain, comme aiguillonnés, ils se redressèrent. C'est alors que Thomas vit Isabel.

Indifférente au regard de tous ces hommes, elle traversait la place d'une démarche tranquille, royale, avec un balancement des hanches qui faisait danser son ample robe rouge et sa chevelure brune traversée de reflets dorés. D'un geste distrait, elle dégageait les mèches qui se rabattaient sur son visage, illuminé par ses yeux verts. Fascinante, à la fois sensuelle et spontanée, sur cette place ingrate, accablée de chaleur, sans un arbre, cernée de palissades ternes, c'était une vision de rêve.

Thomas ne l'avait jamais vue en dehors de la cantine des Baluba où elle était serveuse. Il lui parlait à peine, même quand elle s'attardait près de sa table. A la voir traverser avec une telle aisance cette place, il sentait qu'il n'oserait jamais plus lui adresser la parole. Il avait l'impression de voir la liberté en marche.

Sauf les jeunes, les Noirs baissaient pudiquement les yeux. Mais tous avaient retrouvé leur dignité d'être humain. Quelques Blancs sifflèrent entre leurs dents quand une légère brise plaqua sa robe sur son corps. Thomas se souvint alors qu'Isabel était l'une des maîtresses de Kvarner et qu'elle en avait eu deux enfants. L'idée que ce type ait pu porter les mains sur elle lui fit détourner les yeux de ces seins, de ce ventre, de ces cuisses brusquement révélés par le vent. Par la suite, il cessa d'aller à la cantine des Baluba.

Une fin d'après-midi, rentrant chez lui, Thomas la trouva assise, les genoux serrés entre ses bras, sur le banc de sable près du palétuvier où se trouvait un dépôt d'armes du syndicat. L'ombre et la lumière jouaient dans ses cheveux. Les reflets de l'eau miroitaient sur sa peau claire.

Elle sursauta à son approche. Son regard inquiet fouilla les abords du sentier avec un air si vulnérable que Thomas la salua de loin.

– Bonjour, Isabel. Que fais-tu là ?

Rassurée, elle sourit et attendit qu'il fût près d'elle, ses yeux verts posés sur lui avec une tranquille assurance.

– Tu ne viens plus à la cantine. Je me demandais pourquoi. Alors je suis venue.

– Tu as fait tout ce chemin pour ça !

– Oui. Je me suis même écorchée aux ronces. Regarde.

Elle tendit son bras mince. Une furieuse envie de lécher le sang qui perlait encore aux égratignures le saisit. Il baissa les yeux, chaviré.

Elle eut un curieux sourire, à la fois provocant et timide.

– De toute manière, même quand tu venais encore, tu m'évitais. Pourquoi ?

– D'autres hommes, je suppose, ont changé de cantine. Ou ne te parlent pas.

– Des hommes partent, d'autres viennent. Tous me parlent. Mais ce n'est pas la même chose.

– Vraiment ! Et pourquoi ça ?

– Parce que… parce que tu es métis, comme moi. Thomas, les hommes me désirent. Mais les Noirs se méfient de moi. Et les Blancs me méprisent.

– Ça ne les empêche pas de coucher avec toi ! En tout cas, ça ne t'a pas empêchée de coucher avec Kvarner.

Isabel se leva d'un bond, défigurée de fureur.

– Il m'a violée, j'avais quatorze ans.

– Tu me prends pour un imbécile ? Il t'a fait deux enfants. Tu as vécu des années avec lui. Personne ne t'y obligeait.

Isabel le regarda d'un air méprisant :

– Imagines-tu ce qu'a été ma vie avant Kvarner ? Non, tu ne peux pas l'imaginer. Kvarner m'a recueillie, il m'a protégée. A ses côtés, j'ai dormi pour la première fois dans des draps blancs, qui sentaient bon. Les ingénieurs, les officiers me respectaient. Ils me saluaient dans la rue. Cermier me baisait la main. Quand j'arrivais au Club, les serveurs se précipitaient pour m'ouvrir la porte. Pendant trois ans, Kvarner a été bon pour moi, il m'a aimée.

– Il t'a aimée ! Il ne t'aime donc plus ? Il n'aime que les jeunes pucelles, c'est vrai. Et il s'en vante, encore ! Au mess, les officiers connaissent peut-être des détails croustillants sur toi ? Kvarner est si bon ! Mais s'il est si bon, retourne chez lui ! Retourne chez ce porc !

Isabel se cabra.

– Mon pauvre Thomas, mais il y a un an que je ne vis plus avec lui.

– Tu lui cherches un remplaçant ? Ne compte pas sur moi. On ne baise pas après Kvarner.

– Tu es révoltant. Kvarner est peut-être une ordure, mais il est moins vulgaire que toi. Adieu, Thomas.

D'un mouvement si brutal qu'elle le cingla de ses cheveux, elle se retourna. Thomas la saisit par le bras. Elle lui fit face, blême, les lèvres tremblantes, les traits tirés. Toute grâce l'avait quittée. Il en fut ému.

– Je te demande pardon.

Elle le regarda d'un air égaré.

– Pardonne-moi, Isabel.

– Jamais, tu entends. Jamais.

Sa poitrine se soulevait violemment. Elle eut un rictus douloureux. Il la prit aux épaules.

– Isabel, je suis si désolé. C'est moi qui suis une ordure.

Avec un bref sanglot, elle se pencha vers lui, appuya son front contre son cou, crispé par le chagrin. Il l'entoura de ses bras, lui caressant les cheveux.

– Thomas, si tu savais.

– Je sais, je sais, pardonne-moi.

– Je te pardonne, mais tu ne sais rien de moi. Rien que des ragots. Tu ne sais rien de mes souffrances, rien de mes humiliations. Je suis une orpheline comme toi, une métisse comme toi. Mais moi, je n'ai pas choisi ma vie. Je n'ai jamais cessé de la fuir.

Son corps se crispa de douleur. Elle s'écarta de lui, les yeux rougis de larmes. Thomas l'enlaça et la conduisit doucement au pied du palétuvier.

– Ne pleure pas, Isabel. Calme-toi. Raconte-moi.

Adossé à l'arbre, la tête d'Isabel sur ses genoux, Thomas l'écouta parler en lui caressant les cheveux.

Elle était née au bord du lac Kivu. Fuyant la misère de son Portugal natal, son père avait d'abord été contrebandier d'ivoire en Angola, puis marchand ambulant dans les plantations de café des rives du lac Kivu. A la mission de Kaléhé, il avait épousé une jeune fille bateke dont il avait eu un fils et deux filles. Il était mort quelques jours après sa naissance, foudroyé par le paludisme. Sa mère s'était établie à Uvonia avec ses enfants, espérant trouver du travail plus facilement. A tort.

Ébloui par sa beauté, un épicier calabrais, robuste et inculte, les avait recueillis. Un assez brave homme, mais un ivrogne que l'alcool de canne rendait brutal. Quand il avait bu, toute la famille vivait dans la hantise de ses crises de démence. Isabel le redoutait et le détestait. A l'issue d'une scène particulièrement violente, elle avait fui l'épicerie et trouvé un emploi au centre-ville, à la pizzeria Roma. C'est là qu'un soir de 1959, Kvarner l'avait abordée. Elle avait quatorze ans.

Flattée qu'il la remarque, elle avait accepté son invitation à dîner au Club des officiers mercenaires. Deux jours plus tard, prétextant attendre un appel urgent de New York, il l'avait amenée souper à l'Ermitage après son service. Éblouie par cette somptueuse villa, la table couverte de fleurs, d'argenterie et de cristaux, grisée par le vin, elle n'avait pas compris le manège de Kvarner quand il lui avait fait visiter la maison. Arrivé dans sa chambre, il l'avait culbutée sur le lit.

Isabel se tut, encore bouleversée, comme si elle revivait cet instant.

– Tu aurais pu le dénoncer le lendemain.

– Comme tu es naïf. A qui le dénoncer ? Il a la ville dans sa main. On ne dénonce pas Kvarner, surtout quand on est une petite métisse, une petite fugueuse, une petite fille de quatorze ans. Et puis, ce n'est pas si simple. Je ne savais rien des hommes, j'étais terrorisée. J'ai lutté, mais il était plus fort que moi. Sur le moment, j'ai résisté. Mais au matin, après toute cette nuit, j'ai su que ce n'était plus tout à fait un viol.

Thomas lui mit la main sur la bouche.

– Tais-toi.

Ils restèrent en silence un long moment. La nuit était tombée. Des roseaux montaient des bruits furtifs.

– Tu aurais pu ne pas le revoir.

– Je ne l'ai pas revu. Mais j'ai compris quelques semaines plus tard que j'étais enceinte. Je suis allée le trouver. Kvarner est cynique. Il aurait pu émettre des doutes ignobles, me chasser. Au lieu de ça, il m'a installée à l'Ermitage. C'est là que j'ai accouché de Julius, puis de Rachel.

– Tu étais donc si bien avec lui ?

Elle se redressa et lui fit face. Sa silhouette se détachait sur le bleu de la nuit, mais il ne distinguait pas son visage. Dans un chuchotement entrecoupé de silence, elle lui avoua ses sentiments contradictoires pour Kvarner. Ce n'était pas seulement le père de ses enfants. Il lui avait offert ce qu'elle n'avait jamais eu : la sécurité, le luxe, le respect. Kvarner y avait veillé. Il avait connu la pauvreté et savait être généreux en conséquence. D'emblée, il lui avait accordé ce qu'il avait lui-même obtenu de haute lutte : une revanche sur les humiliations passées. Et c'était un beau cadeau venant d'un homme si dur à l'égard d'une fille si jeune. Malgré son âge, il la traitait en maîtresse de maison, la laissait dépenser sans compter. Et quand il venait la retrouver dans l'appartement qu'il lui avait aménagé à l'Ermitage, ce n'était pas seulement pour prendre son plaisir. Il était attentif.

Il n'était pas généreux qu'avec elle. Apprenant sa liaison avec Kvarner, la mère d'Isabel avait fait une scène épouvantable à sa fille, l'avait insultée et battue. A la fureur de sa mère, Isabel avait opposé son mutisme d'adolescente. En retournant à l'Ermitage, Isabel n'avait rien dit. Mais Kvarner avait su ce qui s'était passé. Il était allé à l'épicerie. Cette simple visite avait convaincu sa mère qu'Isabel avait trouvé un vrai protecteur. L'argent avait fait le reste. Valmont, le premier samedi de chaque mois, lui remettait un chèque. Kvarner, sachant ce que ces mensualités pouvaient avoir d'humiliant, s'approvisionnait aussi en partie dans la boutique minable. Tout cet argent ne permettait pas seulement de payer les traites, l'alcool de canne et le reste, il redonnait un peu de dignité à la famille.

Isabel se tut. Thomas était troublé. Il aurait préféré que Kvarner restât un salaud intégral à ses yeux. Il ne comprenait plus :

– Pourquoi l'as-tu quitté ?

Isabel se leva, lui tourna le dos, regardant le marais, immobile. Seuls ses cheveux s'agitaient dans le vent. D'une voix assourdie, elle lui raconta leur rupture.

Elle et les enfants attendaient le retour de Kvarner, parti en voyage à Paris. Précédé d'un monceau de bagages, il arriva avec une Italienne. Isabel comprit qu'elle allait s'installer. Elle fit une scène violente. Kvarner à son tour entra dans une fureur inouïe et la roua de coups devant les enfants et la femme.

Isabel partit la nuit même avec Julius et Rachel et prit une chambre en ville.

Kvarner la relança plusieurs fois pour qu'elle revienne à l'Ermitage. A bout d'arguments, il menaça de reprendre les enfants et de les envoyer en Europe. C'était un chantage d'autant plus ignoble qu'il n'était pas plus attaché à eux qu'à ses autres enfants. Il ne voulait qu'une chose : la terrifier. Il ne supportait pas qu'on lui résiste, encore moins qu'on le plaque. Elle vécut des mois dans la crainte d'un enlèvement ou de représailles.

Bientôt, il lui coupa les vivres ainsi qu'à sa mère. En l'acculant à la misère, il pensait la faire céder. Quand elle trouva un travail de serveuse à la cantine, il vint la relancer. Chaque visite ranimait les terreurs d'Isabel et rallumait sa colère.

D'un brusque mouvement, elle vint s'agenouiller devant Thomas, lui agrippant les épaules.

– Aujourd'hui, je le hais. Tu entends, je le hais. Je hais son indifférence aux enfants qui ne sont qu'un instrument de chantage pour lui. Je hais sa jalousie qui n'est que de l'orgueil. Je hais son arrogance envers la ville entière. Je hais son mépris des Noirs qu'il traite pis que des animaux. Je hais ses sbires qui sont prêts à tout.

Elle s'abattit sur les genoux de Thomas, secouée de sanglots. Il se raidit. Pour lui Isabel pleurait de dépit, d'avoir dû renoncer à l'argent, la sécurité, la respectabilité que lui offrait Kvarner.

– Cesse de pleurer, Isabel. Tu ne l'aimes peut-être plus, mais tu regrettes de l'avoir quitté.

D'un bond, elle fut sur pied.

– Mais tu ne comprends donc pas que c'est une libération ? Mieux, une révélation ! J'ai deux enfants, Thomas, mais je me souviens enfin que j'ai dix-huit ans. Je ne suis ni blanche ni noire, mais j'ai enfin choisi mon camp. Et ce n'est pas celui de Kvarner.

Thomas ne l'écoutait plus. Il ne voyait plus en effet que la fille de dix-huit ans, ses cheveux emmêlés, son corps vibrant d'indignation, tendu vers lui. Il la saisit dans ses bras. Il sentait ses seins dressés, ses cuisses, sa bouche dans son cou. Il l'étreignit comme un affamé, ses mains courant sur son dos, ses fesses, essayant maladroitement de remonter sa robe. Elle s'arracha doucement à lui.

– Pas ici.

Dans la cabane, à la lueur de la lampe à pétrole, il surprit son regard moqueur sur l'étroit lit de camp.

– Ce n'est pas l'Ermitage, ici.

– Idiot.

Dans la lumière incertaine, il la vit ployer légèrement la taille, croiser ses bras à hauteur des hanches et d'un geste très souple, très lent, faire passer sa robe au-dessus de sa tête dans un bruit d'étoffe qui fit à Thomas l'effet d'un coup de tonnerre. Elle était là, nue, somptueuse, les bras encore levés, auréolée de ses cheveux, offerte.

L'aube les surprit se chuchotant encore des mots d'amour.

– J'ai si longtemps attendu ce jour, Thomas. Je t'aime depuis que je t'ai vu la première fois.

– Moi, c'est en te regardant marcher sur la place, le jour de la paye, que je t'ai aimée.

– A la cantine, tu ne me voyais donc pas ?

– Pas vraiment. Juste un bout. Juste un peu. Il y avait les tables, les gens. Là, c'est comme si tu avais eu toute la place pour toi toute seule. Il n'y avait que toi. Je voyais ton corps bouger librement. C'était si beau.

– Alors pourquoi n'es-tu pas revenu à la cantine ?

– J'ai pensé à Kvarner. Et ça m'a dégoûté. Ne dis rien. J'aurais dû comprendre que j'étais tout simplement jaloux.

– Moi, la nuit, je pensais à ta peau cuivrée, à tes cheveux si noirs. A tes yeux brillants. Et après je faisais des rêves pas très convenables. J'ai fait de très beaux rêves cette nuit.

Ils rirent.

– A la cantine, tout ce qu'on disait sur toi m'intéressait. Au fond, je sais beaucoup de choses sur toi. Que tu es le « Bula Matari », que tu as sauvé trois mineurs de la mort à la medersa. Je sais même que tu donnes le dawa.

Thomas se redressa.

– Qui te l'a dit ?

– Personne. Je l'ai découvert toute seule. Un soir, n'en pouvant plus, j'ai décidé d'aller te voir à l'aube avant de prendre mon travail. Il y avait beaucoup de monde sur le sentier. Que des hommes. J'ai eu peur. Je me suis cachée. J'avançais entre deux passages. Quand je suis arrivée près de l'arbre à fièvre, je t'ai vu avec Kagamé et j'ai vu ce que tu faisais. Ça m'a flanqué une belle frousse. Si on me découvrait, je sentais que ce serait grave. Je suis repartie. J'ai compris d'autres choses encore.

– Quoi par exemple ? C'est déjà bien assez.

– J'ai compris, par recoupements, que tu es Simon Kasongo, le secrétaire du syndicat.

Thomas bondit du lit, livide.

– Comment as-tu su ?

– C'est pas difficile de savoir quand on est amoureuse. Je voyais avec quel respect les mineurs, tous les mineurs, te parlaient et avec quelle estime les Portugais s'adressaient à toi. J'ai compris que tu étais quelqu'un d'à part. Je me suis demandé pourquoi. Et, bribe par bribe, j'ai su. Ça m'a donné à réfléchir. J'ai vu les choses d'un autre œil. J'ai vu l'épuisement des mineurs, la cruauté des Blancs, la dureté du travail. Chaque jour à la cantine, il y avait un nouvel estropié. J'ai commencé à compter les blessés, les morts. Les suicides aussi. Et tu sais, pour qu'un Noir se suicide, il en faut beaucoup. Il y a tant de gens qui attendent son salaire au village… Je veux vous aider.

– Le meilleur moyen de m'aider, c'est de te taire. Si tu sais tout ça sur le syndicat, ça veut dire que Cermier et le Turc peuvent le savoir aussi.

– Mais Cermier et le Turc ne sont pas amoureux de toi, que je sache ?

– Non, mais Cermier et le Turc haïssent le syndicat. Ce qui revient au même quand on veut découvrir quelque chose.

Isabel confia ses enfants à sa mère et s'installa dans la cabane du delta. Thomas rayonnait de bonheur. Il était triomphalement fier et orgueilleux de cette femme courageuse, gaie et obstinée qui, au cœur de la ville blanche où la veulerie, les trafics, la combine et la lâcheté étaient la règle, avait obtenu son indépendance à l'égard de l'homme le plus puissant de la région et défendait avec ardeur sa dignité.

Isabel était entrée en lui avec l'évidence brutale de la lumière. Elle avait rallumé quelque chose d'éteint depuis le jour où sa vie avait basculé quand sa mère l'avait abandonné en mourant. Avec Isabel, de la terre rouge et grasse de l'Afrique, la sève remonta en Thomas. La jeune femme lui fit perdre ses craintes et ses inhibitions. Il se sentait désormais capable de soulever des volcans. En même temps, il ne pouvait plus formuler un projet qui ne fût associé à Isabel. Thomas tremblait de bonheur à chaque fois qu'il la voyait s'avancer d'un pas vif sur l'étroit sentier du delta menant à la cabane. C'était pour lui comme le premier matin de la création.

Enlacés, assis sur le ponton qui reliait la cabane à la terre, les amants contemplaient des heures entières les reflets toujours changeants du ciel et de l'eau. Ensemble, ils observaient le jeu compliqué des poissons qui s'ébattaient près de la rive, l'aube venue. Le métis désignait à Isabel les « capitaines », aux trente-neuf écailles brunes, aux nageoires immenses, traversées de raies argentées ; les *ngolo* aux yeux glauques dont la longue tête inquiétante se termine par un bec crochu comme celui d'un oiseau de proie ; les *binga*, à la pectorale pointue, au corps foncé, phosphorescent, et aux nageoires couleur de nuit ; les poissons-tigres au dos rayé de dix barres transversales, rapides et agiles, dangereux, qui déchirent les filets des pêcheurs, attaquent les pirogues, les font dévier et les entraînent parfois vers les rapides ; les « barbus » avec leurs curieuses moustaches pointues et leurs sept – parfois neuf – petites ailes sur les côtés de la tête ; les *djombo* dotés de deux cercles d'un jaune éclatant sur le dos, semblables à deux yeux. Thomas racontait à Isabel la légende des jeunes filles kuru qui, fascinées par le faux regard du djombo, incapables de résister à son éclat doré, se penchaient en dehors de la barque, passaient par-dessus bord, plongeaient dans les ténèbres pour n'en jamais revenir.

VIII

Au milieu du mois de janvier 1964, Uvonia apprit avec stupeur que le bourg de Niangala, carrefour stratégique des pistes du Soudan, du Congo septentrional et de l'Ouganda, avait été conquis par la mystérieuse armée du Nord.

Pendant les neuf jours qu'avaient duré les combats, les canons 75 sans recul, les mortiers 81 et les avions chasseurs T-28 requis par le colonel Cermier avaient fait, selon la radio de Juba, d'effroyables ravages dans les rangs des attaquants. Mais peu à peu, les rebelles s'inspirant de la technique vietnamienne, creusant des tunnels durant la nuit, s'étaient rapprochés des tranchées et des bunkers gouvernementaux. Armés de cocktails Molotov, de haches, de gourdins et de Kalachnikov, ils avaient submergé l'une après l'autre les places fortes des défenseurs.

Il restait à Cermier un dernier atout : sept blindés légers, de type Panhard, livrés par la France, camouflés à l'endroit même où, deux ans auparavant, Branco avait torturé les hommes et les adolescents du bourg.

La huitième nuit, une trentaine de jeunes Wagénia, garçons et filles, se souvenant du sacrifice de Marandura et de ses compagnons, s'étaient introduits en rampant dans la palmeraie. Appliquant la méthode traditionnelle des feux et des contre-feux utilisés par les paysans pour l'écobuage, ils avaient incendié les herbes sèches alentour. Encerclés par une ceinture de flammes, les équipages de jeunes soldats Bashi, abandonnant leur matériel, n'avaient fui le feu que pour s'exposer au supplice du « gilet » : les adolescents, à coups de machette, leur avaient tranché les bras à hauteur des épaules, les jambes à hauteur des cuisses. On retrouva les troncs ensanglantés éparpillés dans la palmeraie.

A l'aube du neuvième jour, privés de leur réserve stratégique et voyant la bataille perdue, Cermier, Branco et les autres mercenaires survivants avaient demandé leur évacuation par hélicoptère sur Goma. Sûrs de leurs paroissiens, les missionnaires refusèrent imprudemment de les suivre : trois jours après la chute du bourg, la population réunie les avait jugés, condamnés et exécutés pour « collaboration avec les mercenaires et les planteurs ». L'annonce de la mort de ses anciens protecteurs plongea Thomas dans un grand trouble.

Au syndicat clandestin des mineurs, les opinions s'affrontaient. Les nouvelles venues du Nord divisaient les dirigeants. La crise éclata un dimanche de pluie dans la maison spacieuse d'un sympathisant ismaélien qui avait convié les militants à la fête de circoncision de son fils. Le soir venu, les femmes ayant desservi les restes de taboulé, de feuilles de vigne farcies, de pigeons rôtis et de pâtisserie aux pistaches, les clandestins s'installèrent dans le salon.

D'entrée de jeu, Itamar de Oliveira s'en prit à Thomas :

– As-tu perdu la raison, Kasongo ? Recevoir un émissaire de l'armée du Nord ! Tu es fou à lier, criminel ou inconscient. Et un curé, encore !

– J'ai vraiment cru que c'était un père salésien. Je l'ai rencontré totalement par hasard et on ne s'est quasiment rien dit.

– Par hasard, vraiment ! Pauvre naïf ! Ces types du Nord ont beau être obscurantistes, ils sont malins. Dieu sait quel usage ils feront du rapport de ce faux curé ! Sais-tu seulement ce que c'est que cette fameuse Armée de libération ? Un ramassis de tribus en révolte, de types scarifiés qui se canardent entre eux. Une jacquerie de paysans menée par le Mani des Azande, un latifundiaire polygame qui pratique l'esclavage. Tu parles d'un progressiste !

Itamar ne décolérait pas :

– Et les princes, ces fameux Avongara, avec leurs masques blancs, leurs crânes allongés, leurs tambours de guerre, que crois-tu qu'ils fassent aux paysans ? Ils les terrorisent, leur embrouillent l'esprit, les jettent sans scrupule dans la gueule des mercenaires en employant la tactique de la vague. Ah, tu ne connais pas ça ! C'est simple comme bonjour. Ils lancent les guerriers, vague après vague, droit sur les mitrailleuses. Résultat : des milliers de morts pour quelques survivants qui passent le barrage. Ça, des révolutionnaires ? Mais tu veux rire !

Thomas, cramoisi, riposta :

– Je croyais que le commandant en chef de l'armée était un Antillais, un marxiste, ami des Cubains. Tu ne vas pas me dire que c'est un obscurantiste, tout de même.

– Tu ferais mieux d'écouter un peu plus la radio de Juba. Il n'y est question que du Mani des Azande, des chefs de village wagénia, des roitelets révoltés de l'Est, des messies faisant des prophéties délirantes !

– Mais l'Antillais...

– Même si ton Antillais exerçait un commandement réel, tu sais comme moi que c'est un militariste, sorti de je ne sais où, parachuté au Congo par je ne sais qui. Probablement un aventurier de la pire espèce.

– Aventurier ou non, il avance, lui.

– D'accord, il obtient des succès militaires impressionnants. Mais, sérieusement, Kasongo, crois-tu qu'on puisse s'allier à des féticheurs, des sorciers, des devins, des cinglés de cette espèce ?

Kagamé renâcla ; Lazare, Hatima, Boniface et Thomas étaient effondrés de voir l'abîme se creuser entre eux et les Portugais. Là où les uns se réjouissaient du pouvoir fédérateur du dawa, par exemple, les autres n'y voyaient que fumeuses superstitions.

Pedro Mariano interrompit Itamar :

– Écoute, Itamar, ici, au Congo, au cœur de l'Afrique, la révolution est en marche que tu le veuilles ou non. Du Kwilu au Katanga, du Sankuru aux montagnes du Kivu, les paysans se battent contre la faim, le racisme des oppresseurs, le monopole des sociétés de planteurs sur les terres. Quel que soit le motif, quelles que soient les méthodes, les gens se soulèvent et se battent. Ce qui compte, c'est la révolte.

Justinho Farias, le cousin de Pedro, enchaîna :

– Dans l'histoire, les seules révolutions du monde qui ont abouti ont été conduites par des coalitions paysans-ouvriers. C'est ce que nous devons faire : nous allier, coordonner notre action avec tous les foyers révolutionnaires du Congo. Nous devons prendre contact avec leurs chefs et négocier des alliances avec eux sur des bases idéologiques claires. Si notre syndicat s'obstine à se battre seul, à mener seul la grève insurrectionnelle, il ira droit à l'écrasement. Et nous subirons le même sort que la Commune de Paris. C'est tout simple, Itamar.

– Chacun ses références historiques ! Souviens-toi plutôt de 1945, Justinho ! De la grève générale ouvrière chez nous, au Portugal ! Que s'était-il passé ? Les campagnes n'ont pas bougé et la commune ouvrière a été noyée dans le sang ; des milliers de gens ont été torturés à mort, fusillés, déportés outre-mer. Et pourtant, les ouvriers agricoles de l'Alentejo, communistes pour beaucoup, vivaient, vivent encore une existence plus misérable, plus humiliante que les ouvriers des villes. C'est ça, la leçon de l'histoire.

Itamar enfla le ton :

– Camarades, organisons-nous, armons-nous, ici au Maniéma. Préservons les mines. Elles sont notre instrument de travail et notre arme majeure. Elles sont garantes de notre liberté future. Transformons cette ville en un bastion ouvrier imprenable. Une fois la grève insurrectionnelle déclenchée, les puits occupés, la ville et les campements alentour paralysés, ni Kvarner ni aucune puissance au monde n'oseront plus nous écraser. Car, avec nous, ils détruiraient les mines.

En regardant les visages autour de lui, Itamar sut qu'il avait retourné l'assistance, y compris Thomas.

IX

Après quelques mois édéniques au bord du delta, les rapports entre Isabel et son amant se dégradèrent peu à peu. Souffrant de l'éloignement et de l'inconfort de la cabane, Isabel harcelait Thomas pour qu'il loue un appartement en ville. En vain. Non seulement, il ne se plaisait qu'en pleine nature, mais depuis ses années passées à Niangala, auprès du père Grégoire, il gardait une profonde méfiance à l'égard du confort qu'il assimilait à une sorte d'amollissement, de dépravation morale. L'austérité marxiste, prêchée par ses amis du syndicat clandestin des mineurs, avait encore renforcé ses vues bizarres.

Isabel l'accusait de pingrerie. Mais elle savait qu'elle-même caressait moins des rêves de meubles, de rideaux, de lit conjugal que de respectabilité. Depuis son enfance, elle redoutait la marginalité. Quasi clandestine, loin de ses enfants, elle aspirait à la reconnaissance sociale, au mariage, à la vie familiale au grand jour. Ici, il lui semblait vivre en recluse et cela la mortifiait. Passé les premiers mois de secrets amoureux, elle brûlait de clamer son amour à la face du monde.

Rien n'était plus étranger à Thomas. La clandestinité, le crépuscule, l'ambiguïté étaient ses éléments ; le conjuré, le guérillero ses modèles. Il se voyait en héros frugal et solitaire. Selon cet idéal, Isabel était déjà de trop. Il ne fallait pas qu'elle exige davantage. Il ne voyait pas la vanité de son propre comportement, sa naïve prétention à constituer le centre de la vie d'Isabel, en l'obligeant à vivre dans son ombre. Influencé par certaines croyances wagénia, il pensait aussi qu'à nommer publiquement l'être aimé on l'expose au mauvais œil. En gardant secret son amour pour Isabel, il se persuadait qu'il protégeait leur couple qui à Uvonia eût été en butte aux intrigues, aux médisances, aux rumeurs malveillantes

Isabel l'accusait d'être à peine plus évolué qu'un chef de tribu en pleine brousse. Et, justement, dans cette brousse du delta, Isabel avait peur. Passé la première fois où l'amour lui avait donné des ailes, elle redoutait ces interminables marches le long du sentier. Elle renouait avec ses paniques enfantines et ses pauvres stratagèmes de môme : elle chantait à tue-tête, agitait frénétiquement un bâton devant elle pour chasser les serpents, scrutait les feuillage. Derrière chaque arbre, elle croyait voir des lions, des phacochères. Un jour, le paisible souffle d'un buffle égaré avait suffi à la faire pleurer d'angoisse ; une autre fois, elle avait cru mourir quand un petit singe lui était tombé sur le dos.

Dans la cabane, c'était presque pire. Les crocodiles rôdaient sous les pilotis, mille bêtes immondes rampaient sur le sol, hantaient les coins sombres, grouillaient dans les palmes du toit. La nuit, quand la dégringolade d'un lézard la réveillait en sursaut, elle restait des heures révulsée par tous ces remuements de bêtes invisibles.

Elle souffrait de cette vie de sauvage dans cet endroit sauvage. Mais elle souffrait davantage encore d'être exclue de l'activité clandestine de Thomas, de ses projets politiques. Elle ressentait son mutisme non pas comme une prudence mais comme une méfiance à son égard, alors que depuis sa rupture d'avec Kvarner elle se savait digne, forte. Et d'autant plus déterminée qu'elle était désormais amoureuse. Thomas lui rognait les ailes en lui déniant toute ambition généreuse. Don Luis, pensant que Doña Sarah démontrait à l'envi que la soif d'absolu pouvait être aussi le partage des femmes, avait oublié de lui enseigner cela. De toute manière, aux yeux de Thomas, Doña Sarah restait à part, sans âge. Une sorte de sainte laïque, asexuée, qui n'avait rien à voir avec Isabel.

Une nuit, après de rudes affrontements avec Oliveira et son groupe, Thomas trouva Isabel encore éveillée, étendue dans l'obscurité, les bras noués sous la nuque. Il s'approcha pour l'embrasser. Elle le retint contre lui :

– Thomas, écoute-moi : je connais la disposition de chaque barrage dans la ville blanche. Je sais où les mercenaires abritent leurs armes lourdes. Je connais le chiffre de la porte blindée de l'arsenal et le code des radiotélégraphistes. Je peux vous aider. Je veux vous aider.

Thomas s'écarta brusquement d'elle, l'air buté :

– Isabel, tu crois que je me méfie de toi. Tu as tort. J'ai peur, tout simplement. J'ai peur pour toi.

Et c'était vrai. Il venait de comprendre tout à la fois qu'Isabel pouvait être utile, voire indispensable, et que pour en faire la preuve elle venait de se renseigner, sans doute très imprudemment. Contrairement à lui, elle s'exposait.

Isabel insista :

– Thomas, accepte mon aide. Je suis courageuse, tu sais.

– Je sais. Beaucoup trop courageuse, même. Or tu ne sais rien de tes ennemis, à part Kvarner. Moi, si.

Il se remémorait quel sort réservaient le Turc, l'Eurasien et le Boiteux aux jeunes femmes tombées entre leurs mains. Il imagina Isabel, les pieds et les mains ligotés, nue, jetée sur le sol d'un cachot moisi dont la porte s'ouvrait sur le Turc ricanant, l'Eurasien et le Boiteux ivres morts.

– Isabel, c'est impossible. Bientôt, inévitablement, il va y avoir des arrestations. Ça signifie la torture, la mort. Je ne veux pas que tu t'exposes. Je ne veux pas que tu nous aides. Tu es une femme et tu as deux enfants.

– Mais tu es pire que Kvarner. Je ne suis pour toi qu'une poupée.

– Mais enfin, Isabel, même sans rien faire, le seul fait de vivre avec moi te compromet déjà et met ta vie en danger. Tu ne le comprends pas. Moi, je viens de le comprendre.

Isabel crut un moment qu'il allait la chasser pour la protéger. Elle hoqueta de désespoir, butant dans une impasse où elle se sentait mourir.

Thomas ne songea même pas à la consoler. Formé par les prêtres, habitué aux amours de passage, entouré de célibataires, le monde des femmes lui était décidément étranger. Épuisé, il s'endormit auprès d'elle sans un mot.

X

Quand, retenue auprès de ses enfants, Isabel ne pouvait venir à la cabane du delta, elle glissait un mot dans la fente du mur extérieur du dépôt des machines. Malgré sa contrariété, Thomas s'émerveillait toujours de son écriture soignée d'ancienne élève des sœurs. Mais, ce jour-là, ses jambes se dérobèrent sous lui. Ce n'était pas un simple petit message, mais une lettre de rupture. Dans sa langue maladroite, Isabel avait écrit : « Les âmes délicates et pleines d'images ne peuvent s'accorder avec les âmes méprisantes et cyniques sans tomber malades. A la souffrance avec toi, je préfère la douleur solitaire. » « Douleur » était souligné. Son esprit engourdi relut plusieurs fois le mot. Saisi de torpeur, il rentra à la cabane, scandant « les âmes pleines d'images, les âmes pleines d'images », comme une incantation. Et les images refluaient.

Le lendemain, à la cantine des Baluba, il apprit qu'elle avait quitté son emploi la veille. A l'épicerie, la mère d'Isabel lui refusa l'entrée. Il n'osa pas insister.

Ce fut comme si une machette avait tranché la racine qui le reliait à la vie. Pendant des semaines, il ne dormit pratiquement plus, ne sombrant que vers l'aube dans un état inconscient, lourd et poisseux. Il travaillait comme un automate. Sous la douche, en remontant de la mine, il avait honte de son corps inutile depuis l'abandon d'Isabel.

Le malentendu entre eux lui semblait monstrueux. Ils s'aimaient. S'étaient retrouvés comme deux naufragés enfin à l'abri. Et c'était par amour à la fin qu'il avait refusé qu'elle militât pour eux. Il comprenait trop tard qu'il avait tout simplement refusé qu'elle partage sa vie, toute sa vie, et pas seulement son lit. Qu'il avait repoussé son désir d'égalité et de réciprocité. Qu'il avait dénié à sa propre compagne ce qu'il revendiquait pour les mineurs.

Il retourna à l'épicerie pour essayer de s'expliquer. Il tomba sur le Calabrais ivre mort qui rameuta les clients hilares en le traitant de laissé-pour-compte et d'impuissant. Isabel ne se montrant pas, il s'éloigna, vaincu.

Sur Thomas, la marée gluante de la douleur se renferma définitivement. La terre entière lui apparaissait comme un charnier d'amours mortes, il ne supportait plus sa cabane au delta, ni son travail dans la mine, ni les interminables et vaines discussions politiques. Il décida de saisir la première occasion pour quitter Uvonia.

Peu après, une réunion extraordinaire de la direction eut lieu dans un hangar à proximité des rizières sur la sempiternelle question des relations entre le syndicat et l'armée du Nord. Thomas y plaida cette fois-ci la cause d'une collaboration étroite et Itamar de Oliveira, Vasconcelos, Joaquim, pour le contraire. Rien ne semblait devoir bouger quand Pedro Mariano et son cousin Farias insistèrent pour que Thomas – ou un dirigeant d'égale importance – prenne contact avec le quartier général de l'armée du Nord.

La discussion dura toute la nuit et, au matin, on passa au vote. A une voix de majorité, le secrétaire général fut chargé de rallier le haut-commandement.

Dix jours plus tard, accompagné d'une garde de jeunes simba, de Lazare, de Boniface et de Kagamé, muni d'un armement léger, de provisions, de médicaments et de cartes, Thomas quittait Uvonia pour rejoindre le quartier général de l'armée de libération qui – selon la radio de Juba – était établi près de la principale base gouvernementale dans l'Est, non loin de Goma. Ils marchaient la nuit et dormaient le jour.

QUATRIÈME PARTIE

I

Les campements rebelles étaient disséminés dans un paysage grandiose aux flancs des monts Virunga formés de huit volcans, à quelques dizaines de kilomètres au nord de Goma.
Le Nyiragongo et le Nyamuriaga dominaient le massif de leurs cimes enneigées, enveloppées d'une mystérieuse brume jaune. Sur leurs pentes, dans l'épaisse forêt de tamariniers, d'acacias, de fromagers géants et de prosepis, les dernières familles de gorilles des montagnes menaient une existence inquiète, constamment menacés par les flèches empoisonnées des Pygmées qui leur disputaient leurs trous d'eau, leurs sources et leur nourriture.

Progressant à marches forcées, Thomas et les siens parvinrent aux campements rebelles au début du mois de mars 1964. La nuit, Thomas voyait les flammes trembler au sommet du Nyiragongo. Le jour, il observait les fumerolles blanches qui s'échappaient de ses flancs. Il entendait distinctement ses grondements. Le lac de lave d'où fusaient des geysers de cendre était à moins de deux cents mètres des bords du cratère.
L'activité incessante du Nyiragongo constituait une protection presque parfaite : la brume jaune, traînant en permanence sur la cime des arbres, rendait toute attaque aérienne impossible. Et aucune patrouille gouvernementale n'osait s'aventurer sur ses coteaux. Les commandos mercenaires

eux-mêmes hésitaient à s'y risquer : pour tous les peuples du Nord-Kivu, le Nyiragongo est la demeure d'Imana. A part les gorilles, fils originels du dieu, personne n'a le droit d'approcher du cratère. Par sa bouche de feu, Imana parle aux humains. Les Noirs restaient convaincus qu'il avait laissé éclater sa colère pour venger l'assassinat de Lumumba. En ce mois de janvier 1961, les parois du volcan s'étaient fissurées, le tonnerre des explosions avait roulé pendant deux jours et deux nuits sur les vallées, le lac et la ville, des colonnes de flammes étaient montées vers le ciel. Une plaie immense s'était ouverte dans le flanc ouest par laquelle s'était déversée la lave du cratère : plus de soixante millions de mètres cubes de magma s'étaient écoulés, engloutissant les cabanes de chasseurs, gagnant les villages, puis les faubourgs orientaux de Goma. La coulée s'était finalement arrêtée à moins de cinquante mètres de l'aéroport où s'étaient réfugiés les survivants. Un gigantesque nuage de soufre avait, pendant plus de deux semaines, suffoqué la région. Des milliers de femmes, d'hommes et d'enfants avaient péri, des milliers de familles étaient ruinées.

Le campement principal de la colonne des mineurs, appelée « la brigade du Maniéma », fut établi sur un promontoire rocheux, au-dessus du lac Kivu, à quelques centaines de mètres d'une léproserie tenue par des pères jésuites. Thomas s'y lia avec Michel Pirenne, originaire de Lille, auquel une silhouette trapue, des sourcils broussailleux, des cheveux gris et drus avaient valu le surnom de « Sanglier » auprès des simba.

Souvent, à l'aube, Thomas descendait le sentier jusqu'à la léproserie. L'endroit lui rappelait étrangement la mission de Niangala avec son hôpital, ses jardins modèles, son école et sa petite église en bois. Une partie de son adolescence remontait en lui à mesure qu'il s'approchait de l'enceinte de l'établissement. Hors les murs, il croisait parfois des êtres craintifs, agitant leur crécelle, masquant leur visage mutilé avec des chiffons. Pour les Africains, la lèpre est la marque d'une malédiction divine. Exclus de leurs villages, rejetés, presque tous les malades de la région des Grands Lacs se retrouvaient ici sous la protection d'une poignée de jésuites français et américains.

Pourquoi l'initiative de la charité venait-elle toujours des Blancs ? Ou plutôt des religieux blancs ? Pourquoi l'Afrique, souvent si solidaire, ne savait-elle pas prendre en charge ses propres maux, ses propres peurs ? Était-elle donc trop pauvre, trop accaparée par sa simple survie, trop superstitieuse ?

Thomas aimait parler de tout cela avec Pirenne comme naguère avec le père Grégoire. Mais il mesurait l'incommensurable distance entre les deux hommes. Il voyait chez Pirenne plus de désintéressement, moins d'acharnement évangélique ; plus de vraie bonté, moins de certitudes ; plus de questions que de réponses. Une foi tonique mais inquiète.

Thomas arrivait généralement pour le premier office, auquel il assistait du fond de l'église. Il ne pouvait s'empêcher de sourire à voir le père Pirenne monter à l'autel comme à l'assaut d'un sommet, avec la même détermination, la même vitalité qu'il mettait en toute chose. La messe n'était pas pour lui un rituel compassé, figé, mais un acte d'amour vivant, jamais le même, toujours intense.

Après la messe, Thomas suivait les jésuites au réfectoire pour discuter, échanger des informations sur la situation politique, militaire et sociale à Goma, où ils se rendaient souvent. Malgré leur réserve, ils cachaient mal leurs sympathies pour les révoltés. Ils connaissaient trop bien la misère de ces régions. Michel Pirenne surtout lui semblait proche. Non pas politiquement, mais humainement. Depuis sa fuite de Niangala et sa rupture avec le père Grégoire, il n'avait jamais plus prié, fréquenté une église, assisté à une messe ni même été effleuré par la moindre pensée se rapportant à la religion. Aujourd'hui, sur les pentes arides de ce volcan, il renouait avec ses vieilles interrogations, ou plutôt reformulait des angoisses qui ne l'avaient jamais quitté sur la foi, la vie et la mort. La mort le hantait. Avec Pirenne, les discussions portaient sur des sujets qu'il ne pouvait partager avec ses compagnons de lutte. Il ne se sentait pas autorisé à les démobiliser avec ses doutes.

Thomas s'aperçut que, malgré sa foi, Pirenne était rongé par les mêmes angoisses, butait sur les mêmes mystères. Et son approche était peu orthodoxe. Il faisait moins référence aux Évangiles qu'aux grands écrivains qu'il tenait pour des messagers de Dieu au même titre que les prophètes. Pour lui, la littérature était le murmure de Dieu, un legs aussi puissant et éclairant que l'Ancien Testament. A ses yeux, toute littérature était universelle. En parlant de sa propre angoisse, de sa propre douleur, de sa propre espérance, tout auteur singulier, quels que soient son origine et son talent, témoignait nécessairement de la condition humaine.

Thomas le provoquait :

– Je veux bien te croire, mais je n'ai pas assez lu pour savoir cela. Je ne sais qu'une chose : vivre pour mourir, c'est révoltant, absurde, totalement inacceptable.

– C'est inacceptable depuis toujours. « Vanité des vanités et poursuite du vent », dit l'Ecclésiaste. Qui peut tolérer une telle absurdité ! Mais imagine un monde sans mort. Bossuet a écrit, non sans humour pour une fois, que « la vie ne doit pas toujours demeurer dans les mêmes mains, qu'elle doit éternellement être dans le commerce ». A défaut, le monde serait surpeuplé d'immortels, aucun destin ne serait possible, aucune histoire, aucune génération ne se dresserait jamais contre une autre, dénonçant ses erreurs, redressant sa trajectoire.

– Mais moi, Michel ? Mes actions, mes rêves, mes doutes, quels sens ont-ils si le néant les annule ?

– Rien ne se perd, rassure-toi. La terre sera fertilisée par tes os. Et tes pensées ou tes actions nourriront d'autres pensées et celles-ci en nourriront d'autres encore. La chaîne ainsi traverse les siècles. Les morts me constituent et je nourris ceux qui, demain, marcheront sur mon cadavre. C'est peut-être ça, le sens de notre vie : être un morceau de la mémoire, un grain dans le grenier de l'histoire, une parcelle fugitive de lumière.

– Mon problème n'est pas là. Je ne veux tout simplement pas disparaître comme un chien sur le bord de la piste.

Pirenne plissa les yeux malicieusement.

– Tu voudrais peut-être que quelqu'un se souvienne de toi, célèbre ta mémoire ? Tout le monde a cette obsession. Et c'est en partie pour ça que l'humanité croît et se multiplie.

– Non, ce n'est pas cet orgueil-là qui me travaille. J'ai besoin de savoir pourquoi je suis sur cette terre. Pourquoi maintenant. Pourquoi aujourd'hui. Ce que deviendra ma vie après la mort.

– Quand j'étais lycéen en France, on résumait la question en disant : qui suis-je ? où vais-je ? où cours-je ?

– Ne plaisante pas. Où est Marandura à cet instant ? Quel sens a son sacrifice ?

– En posant la question, tu donnes la réponse. D'après ce que tu m'as raconté, c'est Marandura qui t'a fait prendre conscience de l'impasse de ta vie et t'a lancé dans l'action. Il n'est pas mort en vain. Il vit en toi.

Thomas sourit pour s'assombrir aussitôt. Au fond son angoisse était plus primaire, plus viscérale. Plus compliquée aussi, entachée de culpabilité.

La mort n'était pas une chose abstraite pour lui. Pas plus que pour Pirenne. La mort avait pour eux un visage, un corps, une odeur. Mais les lépreux de Pirenne, hier torturés, exclus, mouraient délivrés. Pas résignés, mais délivrés d'une longue vie de souffrances et d'humiliations. Vieux parfois. Les morts de Thomas étaient tous jeunes. Ennemis ou amis, c'était souvent des adolescents. La mort hurlait à ses oreilles, criant à la fois la douleur et l'injustice. Les plus chanceux tombaient foudroyés. Les autres expiraient après des heures d'agonie, à moins d'un coup de machette bien ajusté. La sauvagerie était ici une forme de miséricorde. D'un côté comme de l'autre, on ne pouvait toujours relever les victimes ni les enterrer. Et c'est comme un de ces morts anonymes, laissé sur le terrain, qu'il se voyait : un cadavre puant qu'on ne reconnaissait qu'à ses habits, si personne ne les avait volés. Un ennemi de moins, un compagnon de moins, c'était, selon le bord, la seule épitaphe. Bientôt un nouveau mort effaçait le souvenir de l'autre. Plus pour Thomas. Et pas seulement par identification. De la vie, il ne voyait plus que la mort. Dans son existence de guérillero, nulle naissance, nul enfant ne venaient lui rappeler le renouvellement des générations. A la table du réfectoire, ni Pirenne ni lui ne parlaient plus, chacun était plongé dans ses réflexions. Ils prirent congé fraternellement. Thomas repartit apaisé, comme toujours après une de ses conversations avec Pirenne. Parler lui faisait du bien. Réfléchir en silence à côté de Pirenne lui faisait du bien.

Un soir, revenant de la léproserie où il avait fait une brève visite en quête d'un médicament, il entendit l'appel du muezzin. Il sourit : la vie de la colonne du Maniéma était rythmée ici par la cloche de la léproserie et l'appel à la prière lancé du minaret depuis le village de pêcheurs holoholo situé juste en contrebas du promontoire, dans le creux de la petite vallée qui séparait la falaise des rives du lac. Soudain, Thomas tendit l'oreille. Ce n'était pas l'habituelle prière du soir que psalmodiait le muezzin, mais un chant de douleur et de deuil. Le tapage d'un perroquet dans les bambous et les sautes de vent l'empêchaient d'entendre les paroles, mais il était sûr que c'était le chant des morts des mahdistes osmaniens. Il comprit alors que le choléra avait atteint le village. Son seul réflexe fut de se réjouir d'avoir su juguler l'épidémie dans ses propres rangs. Les civils, ce n'était pas son affaire. L'essentiel, c'était ses guerriers.

Au début, les pertes avaient été terribles. Les combattants se consumaient de fièvre puis entraient dans une agonie atroce. Faute d'hommes pour les enterrer, leurs corps se décomposaient dans la vase. Très vite, dès l'établissement du siège de Goma, le haut commandement de la rébellion avait pris des mesures draconiennes : aucun simba, aucun Azande, aucun maquisard ne devait boire l'eau du lac ou des marais sans la faire bouillir. Les feux étant interdits près des lignes gouvernementales, les hommes des avant-postes seraient morts de soif sans l'aide des jeunes filles tutsi. Elles descendaient des flancs de la montagne, portant sur leur tête les bidons d'eau de source aux postes rebelles. Beaucoup tombaient en route, au détour d'un sentier, abattues par les tireurs gouvernementaux tout fiers de leurs fusils dotés de lunettes à infrarouges. En dépit du danger, la gracieuse colonne de porteuses d'eau n'avait jamais interrompu sa navette.

Les villageois holoholo ne bénéficiaient pas de cette solidarité. Eux pouvaient faire bouillir de l'eau, mais ils étaient trop ignorants ou trop négligents pour s'y tenir. Sans hygiène, sans discipline, sans médicaments, ça allait être l'hécatombe. Thomas mesurait à cela leur faiblesse et sa supériorité. Il se traita de salaud. Il combattait pour les libérer demain, mais les laissait crever aujourd'hui. Il les endoctrinait, recrutait des combattants parmi eux, mais se moquait bien de leur apprendre ce qui leur serait immédiatement utile.

Une contradiction, une impasse de plus. Des morts en plus, par omission.

II

La réunion du haut-commandement des forces rebelles participant au siège de Goma se tenait plusieurs fois par semaine au quartier général de l'armée du Nord, un ensemble de cases en torchis, établi dans un creux du flanc nord du Nyiragongo. Thomas s'y rendait accompagné de sa garde, de Kagamé et de Lazare.

Le commandant en chef du Front nord de la rébellion lumumbiste était Malcolm Santos, le fameux Antillais dont la seule évocation avait tant divisé les mineurs d'Uvonia. C'était un colosse d'une cinquantaine d'années. Son crâne chauve soulignait encore sa stature de géant qui dominait tout le monde de son mètre quatre-vingt-dix. Son visage rond, aux petits yeux très vifs, enlaidi par un nez exagérément épaté, s'illuminait parfois de brefs sourires, éclatants de blancheur malgré le cigare qu'il mâchouillait sans arrêt. Il ne le retirait de sa bouche que pour parler. Son swahili était maladroit, teinté d'un accent anglais qui faisait rire les combattants. Il avait beau s'imposer les cours de swahili, obligatoires pour tous ceux qui ne le parlaient pas, rien n'y faisait. Le plus buté de ses hommes y arrivait. Lui non.

Les légendes et récits les plus divers circulaient sur son compte. On le disait fils d'un avocat noir richissime de la Barbade qui aurait fait cause commune avec les maîtres blancs de l'île. Adolescent, il aurait rejoint des groupes terroristes à Harlem, avant de s'engager dans le Bureau nègre du Komintern au nom duquel il aurait combattu à Shangai, organisé des syndicats clandestins dans les mines du Rand, participé à la bataille de Stalingrad et pénétré dans Berlin en flammes. On chuchotait aussi qu'il avait perdu sa virilité en sautant sur une mine, accident auquel on attribuait son timbre bizarre, une voix de tête aux tons aigus mais impérieux.

Personne ne s'avisait d'interroger ses adjoints. Le premier, Kim, un jeune Chinois, était originaire d'Afrique du Sud ; le second était un communiste italien, d'une quarantaine d'années. Thomas reconnut en lui le faux curé rencontré « fortuitement ». Carlo Siniscaldi fit comme si de rien n'était.

En homme de guerre, Santos tenait la pitié pour de la faiblesse. Comme militant, la passion de la justice l'habitait ; il considérait que tous les combattants devaient être traités à la même enseigne : puisque sur les crêtes escarpées des volcans, à travers les rivières infestées de crocodiles et la jungle barbelée de ronces et remplie de serpents les Azande avançaient pieds nus, l'Armée du Nord pouvait en faire autant et se dispenser de bottes ou de sandales. Il se tenait à cette décision malgré les croûtes et les blessures infectées qui entaillaient ses propres pieds.

Prévenu que, pour les peuples mangbetu, une parole de commandement n'a autorité que si le chef est assis sur son trône d'audience, Santos se faisait apporter à chaque réunion le *lehuana* sculpté sur lequel chacun pouvait reconnaître les principales divinités azande et leurs attributs. Calé sur les accoudoirs, tenant le chasse-mouches rituel dans sa main gauche, son immense carcasse légèrement penchée en avant, ses pieds nus écartés, il exposait ses plans et donnait des ordres devant les chefs azande qui appartenaient presque tous au clan des princes avongara, qu'on distinguait à leur crâne allongé. Thomas s'était fait raconter que les mères avongara façonnaient cette déformation rituelle en comprimant la tête de leur nouveau-né dès la naissance avec des bandelettes. Il savait aussi que, de tous les guerriers initiés, les Avongara passaient pour les plus instruits sur les divinités de la forêt.

Un matin, après que Santos eut donné ses ordres pour l'organisation de l'embuscade de la nuit suivante et fait circuler le café turc, noir et odorant dont raffolent les Azande, le plus âgé des Avongara prit la parole. « Commandant, ici, nous ne pouvons passer. Ce gué est habité par un Aruna. Aucun homme ne peut pénétrer dans sa demeure. L'Aruna ne nous le pardonnerait pas. » Malcolm essaya de raisonner. En vain : le prince avait parfaitement compris les impératifs tactiques, mais s'obstinait. « Commandant, nous t'aimons, nous te respectons, tu luttes pour nous, pour nos familles. Ne nous rends pas malheureux. » Le commandant changea de plan de bataille. Il savait que rien ne ferait céder ces hommes. Même les combattants très jeunes, parfaitement alphabétisés, rompus au maniement des armes les plus sophistiquées, sortant de l'école des sous-officiers algériens de Cherchell ou des camps d'entraînement de Wadi Halfa, refuseraient obstinément de provoquer la colère des Aruna.

D'abord abasourdi par la tolérance de Santos à l'égard des traditions religieuses, Thomas comprit qu'il usait fort habilement de la cosmogonie africaine. Il la respectait parce qu'il en tirait profit : chez les peuples du Nord et de l'Est du Congo, les rites de passage à l'âge adulte sont longs, compliqués et douloureux. Ils regroupent de quatre à sept jeunes guerriers dont le premier rituel de fidélité est de mêler leur sang en s'ouvrant les veines avant d'être soumis aux épreuves de témérité et d'endurance. Poser, puis enlever une pierre blanche d'entre les cornes d'un rhinocéros endormi, survivre pendant des semaines en pleine forêt, près d'un trou d'eau où s'abreuvent les fauves, subir sans broncher la piqûre des scorpions puis l'antidote à leur poison mortel, tout cela faisait partie de cet apprentissage terriblement efficace : l'initiation lie à jamais ceux qui ont traversé ensemble cet enfer. Et cette fraternité indéfectible constituait un atout inestimable pour Santos.

Dans chaque nouveau village rallié à la cause rebelle, il veillait à identifier les groupes d'initiés et leur promettait un équipement. Au cours d'une cérémonie solennelle, devant leurs clans, familles et amis assemblés, les jeunes gens, après avoir été marqués du dawa par les prêtres de l'Aruna, recevaient des armes, des munitions, une radio portative, un hamac en Nylon, des médicaments et des vivres. De groupes d'initiés, ils devenaient unités de base de la guérilla, soudés par une solidarité qui les rendait d'une efficacité redoutable lors des embuscades ou des attaques contre les mercenaires.

Santos se gardait bien de les couper brutalement de leurs racines. Au contraire. Au camp, il ordonna que toute croyance fût respectée, toute fête rituelle honorée. Mais, parallèlement, l'alphabétisation était obligatoire. Dispensée uniquement en swahili, elle fédérait les ethnies, émoussait peu à peu les particularismes. L'influence des féticheurs, devins et prêtres de l'Aruna diminuait, de même que celle des propagateurs de l'islam. La loyauté des guerriers allait de plus en plus au Front de libération, à l'armée populaire, à Santos. Lentement, les unités d'élite s'ouvraient à la « conscience de classe ». Pour l'éveiller chez ses hommes, Santos déployait tout son charisme. Son pouvoir de conviction était impressionnant. Mais il savait que, chaque jour, tout était à recommencer.

Le géant chauve sombrait périodiquement dans de brusques dépressions. Muré dans son silence, immobile dans son hamac, derrière la fumée bleue de ses cigares, il refusait alors pendant plusieurs jours toute nourriture, tout contact. Et ce qu'il combattait avec une infinie subtilité revenait au galop : le campement écrasé d'angoisse renouait avec les traditions les plus archaïques ; les devins égorgeaient des poulets et observaient leurs intestins, y scrutant la réponse des ancêtres ; ils répandaient les cauris sur le sol et lisaient dans leur configuration la parole des défunts ; les prêtres de l'Aruna cueillaient dans la jungle des herbes sacrées et les faisaient bouillir dans des gamelles au milieu du cercle muet des croyants. En pure perte : aucun ancêtre ne répondait à l'interrogation des devins ; aucune herbe n'avait d'effet sur les crises de Santos.

Au bout de quelques jours, Kim le Chinois, à un indice qu'il était seul à percevoir, sentait qu'il pouvait intervenir. Il procédait comme s'il voulait apprivoiser une bête, se rapprochant peu à peu, mine de rien, nettoyant ses armes, rafistolant son sac, toujours plus près. Il sifflotait un air bizarre, intermittent. Après des heures d'approche, il se mettait tranquillement à fabriquer de l'huile de palme. C'était sa magie à lui, parfaitement appropriée à la situation. Son seul problème était de trouver assez d'eau, mais les hommes seraient morts de soif pour sortir Santos du gouffre. Tout en sifflotant, Kim mettait à bouillir une noix de coco. Puis il la sortait pour la faire tiédir, en retirait l'écorce et remettait le noyau dans la gamelle. Au premier bouillon, il donnait un coup de cuiller sur le bord. C'était comme un signe. Santos basculait d'un bloc de son hamac et venait regarder l'huile monter à la surface comme lui-même revenait à la vie. Il y voyait une métaphore de sa raison arrachée à la folie. La crise était passée. La vie du camp reprenait. Kim retournait à son poste, comme si de rien n'était, mais on sentait qu'entre les deux hommes la connivence sans démonstration mais forte qui les unissait déjà s'était encore resserrée.

Un soir, Thomas les entendit chuchoter dans le noir. Kim disait qu'il était le fils d'un de ces Chinois « importés » au Natal par les compagnies sucrières anglaises. Une sorte d'esclavage qui n'avouait pas son nom. Un travail harassant, malsain, puant. Un parcage humain qui n'autorisait aucun repos. Un déracinement culturel qui avait ôté jusqu'au goût de revenir au pays. Son père avait fait souche en se mariant avec la fille d'un commerçant chinois. Mais Kim ne se sentait ni d'Afrique ni d'Asie.

La voix de Santos chevaucha celle de Kim comme si sa pensée recouvrait celle du Chinois.

– J'ai la même impression, mais pour d'autres raisons. Je suis noir et blanc. Malgré moi. Mon père, en fricotant avec les Blancs, nous a fait haïr des Noirs de la Barbade, mépriser des Blancs pour lesquels nous n'étions que des larbins. J'étais consumé de honte et de fureur contre les Blancs qui avaient corrompu mon père ; et contre mon père sans dignité face aux Blancs. Je ne suis pas parti : j'ai fui. Depuis, je hais tous les Blancs. Mais partout où je suis allé, je n'étais finalement qu'un nègre. Et encore, pas n'importe quel nègre. Même ici, en Afrique, je ne suis pas des leurs. Tous les Noirs américains connaissent ça. D'ailleurs, regarde, les Yankees envoient généralement des Blancs comme conseillers. Ils pourraient dépêcher des Noirs pourtant, mais ça ne marcherait pas aussi bien. Pour les gens d'ici, nous ne sommes que les lointains descendants d'esclaves. Des types qui étaient trop pauvres, ou trop bêtes, ou trop faibles pour échapper aux razzias des négriers. Les Noirs africains, c'est la souche, les hommes libres. Ils sont sous la coupe des Blancs, mais ils sont chez eux. A leurs yeux, je suis un déclassé, un Noir blanchi de la diaspora. Au fond, il n'y a que Guevara qui m'ait donné le sentiment qu'on pouvait être...

Thomas n'entendit pas la suite. Une sentinelle venait faire son rapport. Santos et Kim baissèrent encore le ton. La sentinelle partie, la voix de Santos lui semblait éteinte.

– Tu as remarqué, presque tous les cadres de la guérilla sont non africains ou métis ?

– Oui, c'est drôle. Qu'est-ce que tu en penses ?

– Moi ? Rien. Sur ces sujets-là, je ne pose pas de questions. Je me considère comme un instrument. Un glaive au service de la révolution. On ne demande pas à un glaive de quoi il est fait. On lui demande d'être tranchant. Je me bats. Je n'ai jamais fait que ça dans ma vie. Mais au fur et à mesure, j'ai appris. J'étais naïf. A l'époque de Stalingrad...

– C'était comment Stalingrad ?

Dans la nuit vibrante d'Afrique, Santos se mit à raconter la fin de la bataille, en plein hiver, où dans l'usine « Octobre rouge » il avait combattu, jeune homme, dans une section d'étrangers et de Russes.

– Les Allemands attaquaient depuis septembre, leurs lance-flammes embrasaient la nuit ; dans les ateliers, les femmes repoussaient les agresseurs à main nue. Pourtant l'usine continuait de travailler. Les chars T 34 sortaient des chaînes de montage pour aller directement au combat. Des chars sans instruments optiques, sans peinture, sans radio. Des chars aussitôt ensanglantés, fumants. Des tombes. Mais l'usine continuait à produire ! Des amas de ferraille, des montagnes de poutres, tout le fer de la terre, tordu sous les bombes et fendu par le feu, barraient l'accès aux ateliers mécaniques. Tchouikov avait dit : « Chaque soldat doit devenir une forteresse. » Et chaque homme et chaque femme était devenu une forteresse. Les Allemands mouraient par milliers.

Pendant six mois, avec la précision de l'horloge, ils sont revenus chaque matin et chaque nuit. Mais le 29 janvier, un messager est apparu : « Les Sibériens traversent la Volga. Tenez encore un jour. Et Stalingrad sera libre. » Dans sa main, le message tremblait. Le 30, dans la nuit, ma section a repris la cour de l'usine. A l'aube, elle était dans la rue. Dans l'atelier, il faisait trente-cinq degrés au-dessous de zéro, mais pour les ouvriers le printemps était revenu. Les Sibériens avaient traversé en courant la cour et le soir Pilommili, puis Stalingrad étaient libres.

– Et après Stalingrad ?

– Pendant des années, j'ai vécu sur ce souvenir exaltant. Nous étions vivants, libres. Nous avions gagné. Et nous gagnerions encore grâce à l'Union soviétique. J'étais candide. C'est Guevara qui m'a ouvert les yeux. Je l'ai à peine vu. Mais ça m'a marqué. C'est à cause de lui que je fume des cigares. Et c'est les Cubains qui m'approvisionnent. Coopération technique probablement !

Il rit.

– Et à part les cigares ?

– C'est grâce à Guevara que j'ai compris que l'Union soviétique était elle aussi une puissance impérialiste. Et qu'elle ne nous aiderait que tant que ça l'arrangerait. Qu'il fallait donc compter sur nous-mêmes. Qu'il fallait porter la révolution jusqu'au bout du monde. Créer partout des *focos*, des foyers révolutionnaires. Il récitait souvent un poème de José Martí :

Es la hora de los hornos,
Y solo hay que ver la luz.

– Ce qui veut dire ?

– « C'est l'heure des brasiers/ Et il ne faut regarder que vers la lumière. » Bon, ça suffit les souvenirs. Je vais dormir. Bonsoir, Kim.

– A demain, Santos.

Leurs pas s'éloignèrent. Thomas comprenait mieux, maintenant, pourquoi les Portugais lui avaient si peu parlé de Guevara. C'étaient des communistes purs et durs, chez qui il n'y avait pas place pour le doute, pas de place pour un Guevara. Il comprenait mieux aussi l'amitié fraternelle qui liait Kim et Santos. Elle était tissée de ces échanges informels, de ces dialogues confiants qui étaient mieux que des confidences. Ils partageaient les mêmes inquiétudes, les mêmes enthousiasmes et, dans une certaine mesure, un même passé de déracinés. Des choses très personnelles qui chassaient les démons de la solitude.

Et lui, Thomas, se sentait si seul. Il se souvint de leur réflexion sur les cadres de la révolution qui étaient métis ou non africains. Kim, Santos et lui étaient en effet tous les trois dans le même cas. Ils avaient les mêmes problèmes, un même destin. Ça aurait pu les rapprocher. Et c'était le contraire. A son admiration sans bornes, Santos opposait une froideur glaciale. Dès leur première rencontre, Thomas avait perçu cette méfiance, cette antipathie proche de la haine. Il en souffrait sans en comprendre les raisons.

Beaucoup plus tard, il sut que Santos avait entendu parler d'Isabel. Il savait qu'elle avait été la compagne de Kvarner avant de vivre avec lui. Pour Santos, la jeune femme était une espionne, infiltrée par Ben Moussa ou Cermier, et il se méfiait de Thomas en conséquence.

Souvent, quand des flancs de la montagne descendaient les ombres, Thomas sentait grandir une sorte d'affolement. Il redoutait par-dessus tout cette heure incertaine où le sens de l'action du jour se défaisait, laissant place à la détresse intime.

Il ne parvenait pas à guérir d'Isabel, ne mangeait presque plus, dormait à peine. L'approche du couvre-feu le jetait dans une angoisse insupportable. Il comptait les pas de la sentinelle devant l'entrée du campement, imaginait Isabel enlaçant un autre homme, glissant le long de son corps. Il se souvenait avec une précision photographique du grain de sa peau mate, des reflets d'or dans ses cheveux, du geste qu'elle avait pour les relever, de l'éclat de ses yeux verts pailletés de brun, de son long cou, de ses seins, de sa démarche souple, du balancement de ses hanches. Il entendait son rire. C'était intolérable.

Une jeune fille tutsi, réfugiée avec sa famille dans la montagne, descendait parfois au camp vendre de la pâte de manioc, des noix de cola, des bananes, du charbon de bois et des *niébé*, ces haricots rouges dont on fait une soupe épaisse. Sa gracieuse apparition électrisait le campement. Lorsqu'elle se penchait sur sa corbeille, cherchant un légume ou des fruits, on pouvait voir ses seins fermes et pointus. Elle venait souvent rejoindre Thomas dans son hamac à l'heure de la sieste. En vain : sa tendresse, sa douceur étaient impuissantes à chasser Isabel.

III

La plupart des jeunes gens de la brigade du Maniéma traînaient derrière eux une histoire familiale de fureur et de souffrance. Enfants, adolescents, ils avaient assisté, dans leur village, aux expéditions punitives des Flèches noires qui terrorisaient les populations dites insoumises, brûlant les cases, abattant le bétail, confisquant les récoltes. De jeunes simba avaient vu leur père mutilé à la machette, leur mère et leurs sœurs brutalisées, entraînées dans les buissons, violées. Impuissants, ils avaient assisté à la torture de leurs frères aînés, de leurs grands-parents. Depuis, le désir de vengeance les motivait bien davantage que les idéaux abstraits. Or, ils étaient là en plein Nord-Kivu, en plein territoire bashi et bafulero, ces deux ethnies parmi lesquelles les Flèches noires recrutaient l'essentiel de leurs hommes.

La nuit, au mépris de toute discipline, abandonnant au besoin leur poste de garde, poussés par un impérieux devoir de revanche, des groupes se glissaient hors du camp, s'introduisaient dans les villages des vallées alentour, égorgeaient dans leur sommeil les chefs de clan, violaient des femmes et parachevaient souvent leur raid en répandant sur les cases des bidons d'essence auxquels ils mettaient le feu avant de se retirer.

Chaque fois qu'il apprenait ces expéditions punitives, Thomas ordonnait une enquête, faisait arrêter les coupables qui passaient immédiatement en cour martiale. Tétanisé par le chagrin, il assistait à l'exécution de ses compagnons, fusillés par un peloton composé de leurs propres camarades, sur la place d'appel du campement.

Il en souffrait d'autant plus qu'il exigeait de ses compagnons de gros sacrifices en montant des opérations qui forçaient le respect du haut-commandement et donnaient à la brigade un prestige particulier. Seuls Kagamé, Santos, Kim, Siniscaldi et lui partageaient ce secret. Il avait en effet suggéré d'infiltrer l'ennemi et fut tout surpris quand Santos lui révéla que c'était une vieille tactique cubaine. La chose n'était possible ici, dans cet univers très cloisonné, que parce que la brigade des mineurs partageait avec le contingent de l'armée gouvernementale la particularité d'être composée de presque toutes les ethnies de l'Est et du Sud, Kvarner et la Compagnie minière du Haut-Maniéma recrutant leurs ouvriers dans un périmètre couvrant toute la région des Grands Lacs, le Maniéma central et une partie du Katanga. Il y avait parmi eux des Nyanga, des Baluba, des Holoholo, des Tutsi, des Bembe, des Léga, des Kumu.

Périodiquement, des hommes, désignés parmi les plus intelligents, quittaient le campement de la brigade, équipés par les instructeurs cubains de petits émetteurs miniaturisés. Une fois désignés, ils n'avaient pas le choix. Refuser, c'était prendre le risque d'ébruiter le stratagème. Jusqu'ici, tous avaient accepté. Le lendemain de leur « disparition », ils étaient portés déserteurs. Par des chemins détournés, en de longues marches nocturnes, déguisés en paysans, en pasteurs ou en pêcheurs, ils rejoignaient les zones contrôlées par le gouvernement et se débrouillaient pour se faire enrôler dans l'armée, chez les Flèches noires ou toute autre unité spéciale. Dès lors, ils pouvaient transmettre les plans d'attaque des embuscades, les ordres d'assaut. Pour éviter les soupçons des officiers blancs, les infiltrés marchaient presque toujours en tête des colonnes ennemies. C'étaient les premiers à sauter sur les mines, à se faire déchiqueter par les pièges posés par les insurgés, les premiers à être abattus par leurs camarades.

Remarqué par Santos, Boniface avait été l'un des premiers à être proposé pour une de ces missions. Thomas ne s'y était pas opposé : refuser, c'était mettre en doute ses capacités. Mais accepter, c'était l'exposer. Or le Muluba était non seulement un des commandants les plus populaires de la brigade, mais son ami intime depuis l'épisode de la medersa. Le malicieux Boniface n'y avait d'ailleurs vu qu'un canular qui aurait mal tourné sans l'intervention de Thomas. L'histoire lui avait insufflé un peu de sérieux, beaucoup de reconnaissance, sans entamer sa gaieté contagieuse ni son sens de la provocation. Il était simplement plus prudent. Thomas le laissa partir à regret, s'en remettant à son intelligence : non seulement il s'en sortirait, mais, après quelques opérations, il saurait mieux que d'autres le renseigner sur l'organisation des Flèches noires, leur équipement, leurs tactiques.

Un matin, Thomas fut réveillé par des cris venant des tranchées de la première ligne de défense, en contrebas de la falaise. Il vit un groupe d'adolescents grimper le sentier, portant une civière où gisait un corps à demi caché par une couverture. Thomas alla à leur rencontre, souleva la couverture et reconnut Boniface défiguré par la douleur, les jambes arrachées, retenant les tripes qui sortaient de la blessure de son ventre.

D'une voix exaltée, le chef du groupe expliqua qu'il avait été averti d'une prochaine attaque par un message radio provenant du quartier général rebelle. Le mystérieux informateur l'avait renseigné sur le nombre et l'armement des mercenaires, l'heure et la direction de l'attaque. Il n'y avait eu qu'à les cueillir. Derrière un rocher, alertés par ses gémissements, les insurgés avaient découvert Boniface arborant les insignes de caporal des forces gouvernementales, armé du M-16 des Flèches noires.

Thomas écoutait leur récit, pétrifié. Officiellement, Boniface était un déserteur. Pire, un traître. En aucun cas Thomas ne pouvait révéler à ses hommes la mission secrète de leur ancien camarade.

Silencieux et graves, les jeunes combattants déployés en demi-cercle regardaient Boniface délirer tandis que le métis lui tenait la main et lui parlait à voix basse. L'agonisant réclama de l'eau.

Thomas se redressa, demanda qu'on le porte à l'infirmerie, qu'il y reçoive tous les soins possibles.

– Il faut qu'il vive.

Mais avant que la cloche de la léproserie voisine ne sonnât midi, Boniface Dieudonné Amurani était mort.

IV

A l'extrémité nord du lac Kivu, sur son plateau de lave au centre de l'immense amphithéâtre dessiné par les monts Virunga, Goma, qui passait pour une des cités les mieux situées et les plus saines d'Afrique orientale, n'était plus qu'une misérable ville assiégée. Depuis que l'insurrection avait embrasé les forêts, les montagnes et les savanes de l'Est du Congo et que les mercenaires blancs, aidés des Flèches noires et de plusieurs régiments de l'armée gouvernementale, y avaient installé leurs quartiers généraux, tout avait basculé dans l'horreur. Les planteurs, les riches commerçants avaient fui la ville, fermant boutiques et bureaux, abandonnant leurs maisons immédiatement investies par les officiers mercenaires et leurs maîtresses, les trafiquants arabes et mauritaniens, les généraux de l'armée gouvernementale.

Si les riches fuyaient, les pauvres affluaient : des dizaines de milliers de familles bashi, bafulero, bahunde, chassées des villages alentour par les combats, occupaient les dernières parcelles d'espace public disponible. Leurs bâches de plastique semblaient couvrir la ville entière et l'âcre fumée de leurs braseros où cuisait nuit et jour la pâte de mil se répandait partout. Parmi ces populations affaiblies, l'épidémie de choléra faisait des ravages. Tous les matins, les bennes à ordures déversaient dans les fosses communes les cadavres des hommes, des femmes et des enfants décédés pendant la nuit. Régulièrement, on découvrait, dans le tas, des victimes encore en vie que personne n'osait secourir par peur de la contagion.

Talonné lui aussi par le choléra, mais tranchant sur les foules pitoyables de réfugiés, Kaï Mana IV, le roi bahunde, fils de Mana Umtazi III et d'une jeune fille ismaélienne des quartiers asiatiques de Nairobi, opéra son repli en grande pompe sur l'île de Idjwi, au milieu du lac, face à Goma, capitale de son royaume qui s'étendait sur presque toute la rive occidentale du lac.

Selon un protocole immuable, son armée de guerriers bahunde le précédait. De leurs pieds nus aux chevilles ornées de clochettes, ils martelaient le sol en courant selon un rythme cadencé, sourd, menaçant. On distinguait leur grade à leurs ornements de tête, les simples guerriers portant une coiffe à pointe, haute de trente centimètres, surmontée d'un bouquet de plumes de perroquet, les officiers arborant un turban en loutre orné sur le côté de deux ou trois plumes de grue, selon leur rang, les généraux étant couronnés d'un immense bouquet de plumes d'autruches. Seul le roi allait tête nue.

La foule dépenaillée le regardait, ébahie. Gigantesque, la soixantaine épanouie, le crâne rasé, il avait le teint clair, le nez fin et le front haut de sa mère ; de son père le regard lourd et la bouche lippue, à demi cachée par d'énormes bacchantes grises, ce qui était exceptionnel pour un Bantou. A la suite de ses guerriers il avançait, vêtu d'un pagne en peau de singe tombant en trois plis successifs de la taille aux genoux, retenu par une ceinture de queues de vache blanches ornées d'amulettes sacrées. Des anneaux d'or massif enserraient ses avant-bras jusqu'aux coudes. Avec son bouclier ovale, haut de deux mètres, incrusté de diamants, il semblait protégé par une muraille de lumière. C'était l'effet recherché.

Après ce défilé destiné à impressionner les populations, lui et sa cour se retranchèrent dans le palais de l'ancien gouverneur colonial. Une navette ininterrompue de pirogues à moteur reliait le débarcadère d'Idjwi au port de Goma.

Périodiquement, les guerriers bahunde se rendaient en grande cérémonie dans l'île où le roi les recevait dans le salon d'honneur du palais. Ils déposaient à ses pieds de splendides corbeilles de bambou tressé contenant les têtes de leurs ennemis. Le grand maréchal de la cour les récompensait en fonction de leurs prises : un sac de sorgho pour une tête de Nianga ou de Bashi ; quelques kilos de sucre, des rouleaux de tabac noir pour celle d'un Bafulero. Les têtes de Tutsi, surtout celles des Inkontany, valaient au vainqueur un bouclier de peau de rhinocéros ou un zébu, récompenses à proportion du mérite qu'il y avait à tuer ces « intrépides », rescapés du génocide perpétré par les tueurs hutu au début de l'année 1959 au Rwanda. Ces Tutsi étaient d'autant plus prisés qu'ils s'étaient engagés en masse auprès des forces rebelles dont Kaï Mana était l'ennemi le plus dangereux, avant même Cermier, les Flèches noires et leur conseillers américains et français.

Le roi n'avait nul besoin de ce macabre tribut pour connaître la valeur de son armée qui, depuis des temps immémoriaux, semait l'effroi dans toute l'Afrique des Grands Lacs. Imbattables au javelot, à la lance et à l'arc, téméraires et disciplinés, les guerriers bahunde avançaient sur l'ennemi en formation compacte, protégés par leurs boucliers de peau de buffle, enduits d'un liquide magique censé dissoudre les balles. La victoire assurée, ils retournaient dans leurs campements où, ayant fait vœu d'obéissance et de chasteté, ils menaient une vie austère, vouée à l'entraînement.

Le rituel hommage des têtes faisait partie d'un ensemble de traditions sophistiquées dont Kaï Mana était le garant. En érudit et digne chef tribal, il se conformait scrupuleusement aux signes cosmogoniques, à la parole des anciens, aux ordres des divinités du lac transmis journellement par les devins et aux lois ancestrales. Il ne transgressait que la loi sur la succession royale selon laquelle le roi en exercice devait se suicider en buvant un calice d'hydromel empoisonné dès que le premier de ses fils atteignait la même taille que lui. Kaï Mana, qui adorait les femmes et en possédait beaucoup, habilement choisies parmi tous les principaux clans, avait une légion d'enfants. En père aimant et équitable, il leur assurait une éducation traditionnelle rigoureuse, veillait constamment à leur bien-être. En souverain avisé, dès qu'un garçon atteignait l'adolescence, que sa voix muait et qu'un premier duvet poussait sur ses lèvres, il le faisait conduire sur le mont Wagabire, près du lac, où un Pygmée spécialement dévolu à cette tâche l'égorgeait. Laissant croire qu'une sorte de malédiction pesait sur sa progéniture mâle, Kaï Mana IV avait ainsi pu régner pendant plus de quarante ans sur les peuples du Nord-Kivu au profit de tous : les propriétaires, les devins, les faiseurs de pluie, les griots et les maîtres des masques encadraient une société prospère, bien organisée, où chacun accomplissait d'autant mieux sa tâche que les réfractaires étaient exécutés sans pitié.

Déroutant et ténébreux dès son adolescence, avec l'âge, Kaï Mana devenait chaque jour plus soucieux de ses prérogatives et du respect que Blancs comme Noirs devaient à son rang. Averti que, dans un troquet d'un faubourg de Goma, des mercenaires sud-africains ivres s'étaient moqués grossièrement de ses femmes et de son accoutrement bizarre, il avait chargé un Pygmée d'empoisonner la nourriture des Blancs à la cantine : tous étaient morts dans d'atroces souffrances.

Prompt à châtier, il était plus habile encore à flatter, déployant mille ruses, tramant mille intrigues, se délectant de manipuler aussi bien les Africains que les Européens. Il n'ignorait rien des obsessions, de la cupidité et des pratiques sexuelles de chacun, notamment des commandants mercenaires de la région. Il exploitait leurs vices avec un art consommé, les approvisionnait en cocaïne importée de Kampala, organisait des soirées très particulières animées par des

Nubiennes, des Indiennes et des Blanches venues de Port-Soudan et de Dar Es-Salaam.

Pourvoyant fastueusement à leurs plaisirs personnels, les traitant à ce titre comme des débiteurs, mais surtout comme les inférieurs qu'ils étaient à ses yeux, Cermier compris, il affichait d'autant moins de scrupules dans ses exigences de chef de tribu, monnayant chacune de ses faveurs, le moindre de ses appuis.

Mais il y avait des services qui n'étaient pas à vendre : en dépit des pressions de Cermier, rien ne put le convaincre de laisser enrôler un seul Bahunde parmi les Flèches noires. Et nul n'aurait pu le faire renoncer à assister aux tortures infligées dans son palais aux prisonniers faits par ses guerriers ou ses miliciens. Ce n'était pas un plaisir pervers mais un privilège, et surtout une source d'information inappréciable autant sur les moyens et les fins des populations rebelles que sur leurs motifs. Mieux que personne, Kaï Mana connaissait la pénurie, les maladies, la sous-nutrition et le manque d'eau qui affligeaient les insurgés retranchés sur les pentes du volcan et dans les marais de la rive orientale du lac.

Son hostilité à leur encontre était sans ambiguïté : ils étaient, après les Blancs, ses ennemis les plus acharnés. Mais quand il faisait tirer par la garde royale des balles traçantes sur les camps adverses, Cermier se demandait toujours si ce feu d'artifice était destiné à intimider les rebelles noirs, à démontrer sa puissance aux Blancs, ou à dissuader ses sujets de rejoindre le camp ennemi.

V

La bataille de Goma débuta à l'aube du 15 juillet 1964. Coordonnées par Malcolm Santos, les unités rebelles menèrent une attaque fulgurante, irrésistible. En moins de douze heures, elles submergèrent les bunkers, les abris et les tranchées d'autant plus facilement que les défenseurs étaient minés par les dissensions internes, la corruption, et que leurs effectifs étaient amoindris par le choléra. Les soldats de l'armée gouvernementale se débandèrent dès les premiers coups de feu. Seuls les Flèches noires et les officiers blancs résistèrent avant de se replier en bon ordre, à la tombée du jour, évacuant leurs automitrailleuses, camions, Jeep et armes lourdes par les pistes de la rive ouest du lac.

La brigade des mineurs avait pris les faubourgs orientaux. Dans les combats au corps à corps avec les mercenaires, elle perdit une dizaine d'hommes dont Lazare, le chef syndicaliste qui tomba dès les premières minutes de l'assaut, coupé en deux par une rafale de mitrailleuse. Après avoir fait évacuer une quinzaine de blessés sur l'hôpital des sœurs, Thomas se retira de la ville et installa l'état-major de sa brigade, son équipement radio et sa garde rapprochée dans un ensemble de paillotes en roseaux tressés, construit sur une petite colline plantée d'eucalyptus, de cyprès et de mimosas, à quelques dizaines de mètres au-dessus des rives est du lac. Il manquait beaucoup de ses hommes à l'appel sans qu'il sût s'ils étaient morts ou blessés. Quelques-uns revinrent, égarés par ce qu'ils avaient vu, se gardant de dire ce qu'ils avaient fait. Thomas redescendit sur Goma et fut épouvanté. A l'évidence, la victoire éclair avait libéré chez les insurgés la haine tribale jugulée par la discipline. Les plus chanceux des prisonniers de l'armée gouvernementale et les rares Flèches noires tombés vivants entre leurs mains pendaient aux branches des arbres. Les autres avaient été émasculés, démembrés, égorgés ou bastonnés à mort et achevés à la machette par des groupes rebelles ivres d'alcool et de chanvre. La plupart de leurs victimes, comme leurs bourreaux, sortaient à peine de l'enfance. Ils appelaient leur mère en mourant.

Les commandos azande, naguère si disciplinés, les maquisards wagénia, les Inkontany rwandais patrouillaient, débusquant les fuyards, les massacrant avec une jubilation sauvage. Thomas reconnut un groupe de ses simba dormant à l'ombre d'un mur, les habits maculés de sang. Alors qu'il s'approchait, il vit, sortant d'une besace, un bras orné de bracelets en or. Il eut peine à ne pas vomir. Donnant un coup de pied à l'un des dormeurs, il hurla :

– Qu'est-ce que c'est que ça ?

Le type le regarda d'un air ahuri :

– Ben, c'est un bras !

Et il se rendormit.

Thomas comprit que personne n'avait plus prise sur eux, que personne ne pouvait désormais les contrôler et que lui-même avait perdu toute autorité sur ses simba. Les faire se relever, les punir ne servirait à rien. Il s'en sentait d'ailleurs incapable. Son idéal était là devant lui : un tas d'adolescents assassins, et le bras coupé d'une femme orné de ses petits bracelets d'or.

Non contents de se venger sur les prisonniers ennemis, les glorieuses forces rebelles s'acharnaient sur la ville, pourchassant cette population qui, durant des mois, avait naïvement espéré leur victoire. Les vainqueurs avaient mis Goma à sac, pillant les maisons et les magasins, violant des femmes, exterminant des familles entières.

Le carnage parmi les habitants prenait des allures de rites sanglants comme s'il fallait exorciser la faim, la soif, l'inquiétude du lendemain, la crainte des représailles sur leur famille restée au village, le harcèlement des moustiques, la menace du choléra, la fièvre, la solitude dans les montagnes. Pendant des mois, la peur de leur propre mort, de leur possible échec avait été tenue en lisière. Maintenant qu'ils étaient victorieux, vivants et maîtres de la ville, ils s'en délivraient par cette fête barbare.

L'incendie avait consumé presque tout le centre de Goma. Des hommes, des enfants et des femmes, blessés, moribonds, gisaient sous les décombres, sur les trottoirs, leurs yeux grands ouverts dévorés par les mouches.

Au détour d'une ruelle, Thomas reconnut à ses scarifications un soldat azande allant à la rencontre d'une jeune Arabe et de son enfant vêtus à l'européenne. Avant même que Thomas ait pu intervenir, l'homme assomma la femme et l'enfant, et, sortant posément son poignard, saisit le garçon, lui trancha la gorge, puis d'un coup de machette décapita la mère.

Ailleurs, une bande de maquisards wagénia, ivres de bière de banane, gesticulaient en riant autour d'une dizaine de familles bashi. Leur groupe apeuré reculait contre le mur à demi-calciné de l'hôtel des Grands Lacs. Un homme âgé, probablement leur chef, tenta de négocier. Soudain, les ivrognes tirèrent une première salve de mitraillette, visant les jambes. Excités par les cris, ils se ruèrent sur les victimes et les achevèrent à la machette.

Arrivé sur le lieu du carnage, Thomas se saisit d'un jeune combattant wagénia.

– Espèce de fou ! Pourquoi les enfants ?

Essuyant ses mains sur son pantalon déjà maculé de sang, le Wagénia sembla étonné :

– Ce sont les bourgeons, commandant. Nos ennemis de demain.

Plus loin, le métis et ses compagnons découvrirent un monceau de cadavres d'où s'élevaient des gémissements. Ensevelis sous les corps sanguinolents, ils dégagèrent deux petites filles et un garçon. A l'une des fillettes, âgée d'environ trois ans, il manquait un pied ; l'autre gamine, plus âgée, était décharnée. Le petit garçon avait le crâne défoncé par un coup de gourdin. Thomas les transporta à l'orphelinat des sœurs du Sacré-Cœur. Il y rencontra les jésuites de la léproserie, descendus en ville la veille. Au mépris des balles perdues, inlassablement, ils cherchaient les rescapés du carnage, vainqueurs et vaincus, militaires et civils, les évacuant sur des civières de la Croix-Rouge jusqu'à l'orphelinat des sœurs.

Thomas reconnut le père Pirenne. Il portait un gilet pare-balles dont la poche ventrale laissait ostensiblement apparaître les contours d'un pistolet.

– Eh oui, je suis armé ! C'est un neuf millimètres. J'en ai besoin pour assurer ma propre sécurité et celle de mes frères contre tes glorieux libérateurs.

Thomas esquissa un sourire gêné.

– Je croyais que tu étais sous la protection de Dieu.

– Par les temps qui courent, ça ne suffit pas, répondit sèchement le jésuite.

VI

Une semaine avait passé depuis la prise de Goma. A coups d'exécutions capitales, le haut-commandement de l'armée rebelle avait réussi à rétablir un semblant d'ordre. Dans les différents quartiers de la ville et dans les faubourgs, des cours martiales avaient fait fusiller des dizaines de pillards, de violeurs et d'assassins. Lentement, la folie meurtrière s'apaisa. Les combattants des différentes unités regagnaient leurs cantonnements et leurs postes, reprenaient leurs patrouilles et leurs tours de garde.

Des caves des maisons encore intactes, des abris de fortune, les habitants de Goma remontaient à la lumière. Dans la ville dévastée et dans les camps de réfugiés, une vie presque normale reprenait son cours. On avait déblayé le gros des décombres, évacué les blessés, enterré les morts dans de grandes fosses communes que les médecins et les infirmières cubains avaient fait recouvrir de chaux vive. Grâce aux mesures sanitaires draconiennes qu'ils étaient parvenus à imposer, le choléra reculait ; malgré le chaos, les nouvelles victimes de l'épidémie se firent plus rares.

Les derniers nids de résistance avaient été submergés. La propagande haineuse diffusée par la radio de Kaï Mana ne trouvait plus d'auditeurs : dans le périmètre urbain, les combattants rebelles avaient exterminé le dernier Bahunde mâle.

La fête de la victoire était prévue pour minuit, dans le

grand stade du centre-ville. Déjà dans les faubourgs de l'est, les cortèges, éclairés par les flambeaux, s'ébranlaient au son des tambours rituels quand, sur le Nyiragongo, le mur noir des nuages qui avait déjà noyé la lune se fendit. Dans un vacarme apocalyptique, un orage éclata, dispersant les attroupements, suspendant les préparatifs.

La fête ne commença qu'à l'aube. Le tonnerre s'éloignait sur les monts Virunga bien que la foudre claquât encore au-dessus du lac.

Étrange fête de la victoire ! Dans le stade bondé, on ne comptait pas un habitant de Goma. Il n'y avait là, en groupes bien séparés, que les combattants des différentes unités de l'armée rebelle, des milliers de familles de réfugiés venus des terrains vagues situés à l'est de la ville et les notables des peuples des environs qui avaient fait cause commune avec les insurgés. C'est au milieu de cette foule qu'entourés des maîtres des masques, des devins, des griots, des féticheurs et des principaux rois coutumiers de la région, Thomas, Malcolm Santos, Siniscaldi, Kim, Kagamé et les autres chefs de la rébellion firent leur entrée solennelle.

A leur approche, des dizaines de milliers de poings noirs se dressèrent vers le ciel ; des dizaines de milliers de voix scandèrent : « *Uhuru ! Uhuru !* » (Liberté ! Liberté !). Quand l'écho reflua, la foule rugit : « *Dipenda ! Dipenda !* » (Dignité ! Dignité !). Tous les regards étaient tournés vers la tribune, brillant de fierté et de bonheur. Le rouge, le vert, le jaune vif des pagnes étaient comme autant de lucioles dansant sur la houle. La vie jetait au ciel des éclairs de joie.

Dans le stade, la liesse était indescriptible. Des dépôts, le haut-commandement avait fait venir des oignons, des galettes de mil, des haricots rouges, de la bière de banane et des quartiers de bœuf. Une délicieuse odeur de viande grillée envahit bientôt l'air raréfié de la montagne. Assises en tailleur autour des grands feux, des milliers de personnes bavardaient gaiement ou mastiquaient avec l'application de ceux qui ont connu la faim. Des jeunes filles tutsi ondoyaient parmi les groupes.

Lorsque les servants des lourds tambours azande abattirent leurs mains ouvertes sur la peau tendue de leurs instruments, Thomas eut la sensation d'un tremblement de terre ébranlant le ciel, les arbres, la tribune. Personne ne résiste à la sourde terreur des tambours azande. Puis les *sékéré*, les tambours de fête et les balafons prirent la relève.

Autour des flammes hautes et vertes des feux d'eucalyptus, les jeunes filles et les insurgés firent la ronde, plaisantant, chantant, se moquant les uns des autres. Certains se tenaient pudiquement par la main. Malgré leurs habits dépenaillés, leurs shorts déchirés, leurs pagnes et leurs chemises dix fois rapiécés, les enfants de la privation rayonnaient comme des dieux.

Isolés de la foule, dressés dans leurs atours d'apparat, les chefs coutumiers suaient à grosses gouttes. Les rois portaient de larges manteaux en peau de léopard et sur leur tête des crinières de lion. Des pépites d'or brillaient sur les cheveux crépus des princes. Derrière chacun d'eux se tenait un porteur de parasol en bambous tressés. A leurs côtés, des dignitaires les éventaient avec d'immenses plumes d'autruche. Soudain, comme happés par la musique, les rois, les princes, les dignitaires et les porteurs désertèrent la tribune et allèrent danser devant les tambours et les sékéré, alignés devant les gradins, exultant de bonheur.

D'habitude si réservés, taciturnes et méfiants envers les populations du Congo, les guerriers tutsi se mêlèrent aux paysans, aux femmes, aux enfants, criant, battant des mains et ondulant dans le rythme. Même Kim, l'énigmatique commandant chinois, soûlé par l'obsédant bruit des sékéré, tournait sur lui-même, les bras étendus, le visage basculé vers le ciel.

Une ravissante jeune fille coiffée d'un turban blanc, vêtue seulement d'une ample jupe blanche, dansait seule au milieu de la foule, le visage et les seins nus emperlés de sueur, avec la tranquille assurance d'une initiée au culte des Orixa. L'assistance, fascinée, reconnut Marta, la mulâtresse cubaine, l'infirmière des services de santé dont on n'avait vu jusque-là que les traits brouillés de fatigue.

Chose inimaginable quelques heures auparavant, les rescapés des combats des derniers mois, les maquisards locaux, les réfugiés, les maîtres des masques, les rois, les griots, les devins se mêlèrent, s'étreignant, s'embrassant sans retenir leurs larmes. Cent ans d'humiliations, de frustrations, de honte, de fureur rentrée explosaient dans un grandiose fracas de bonheur.

Seul Thomas Lusangi se tenait à l'écart, îlot de solitude dans cet océan humain. La formidable houle de petits drapeaux vert et jaune venait mourir à ses pieds. Figé, absent, il renonça à prononcer le discours prévu. Il rangea les feuillets dans la poche de sa vareuse, descendit de la tribune, fendit doucement la foule, repoussant les bras qui se tendaient vers lui et rejoignit sa cabane sur la colline au-dessus du lac.

Il se retournait dans son hamac, secoué par la fièvre, nauséeux. Malade de dégoût.

L'apocalypse entrevue à Goma le hantait. La libération avait tourné au massacre. Des milliers d'innocents avaient été assassinés par les libérateurs dont ils avaient tant espéré la victoire. Durant plus de trois jours et trois nuits, les fiers combattants de l'armée rebelle, toutes ethnies confondues, s'étaient transformés en bouchers. Même sa brigade du Maniéma dont il était si fier avait sombré dans l'abjection. A part une poignée de simba, ils avaient égorgé, massacré, pillé, violé, torturé avec un fanatisme – pire, avec une joie – qui le révulsaient. Boniface et Lazare, ses meilleurs amis, étaient morts en vain. L'humanisme des Portugais, l'opiniâtre éducation politique dispensée au temps de la clandestinité à Uvonia n'avaient engendré que la pourriture.

Ces jeunes mineurs dont beaucoup avaient été torturés par

Ibrahim Moussa et ses sbires sans parler, ces héros généreux, s'étaient comportés avec la même sauvagerie que leurs bourreaux, sans même l'excuse d'un renseignement à arracher.

Envolés la conscience politique, la fraternité, le respect de soi et des autres, oubliée la solidarité à l'égard des faibles. C'est justement sur les plus faibles que les tueurs s'étaient acharnés.

Certaines nuits, à Uvonia, durant sa longue marche dans la forêt ou au campement de la montagne, Thomas avait douté de l'utilité de son engagement, de la légitimité de ses espoirs. Il n'envisageait plus que l'échec probable et non la possible victoire. Il imaginait les réseaux du syndicat démantelés par les agents d'Ibrahim Moussa, les responsables arrêtés, torturés, exécutés, les archives saisies. Il voyait la brigade du Maniéma anéantie par une attaque surprise des commandos de Cermier. Lui-même assassiné par un agent infiltré par Kaï Mana. Tout cela, il l'avait prévu. Mais jamais, dans ses pires cauchemars, il n'aurait pu anticiper l'hécatombe de Goma qu'aucune fête de libération ne saurait effacer. Paralysé par l'horreur, assailli de douleur, Thomas guettait comme des juges les jours qui l'attendaient à Uvonia.

VII

En ce mois de juillet, dans la cité martyre, même le climat s'était détraqué : un violent orage avait éclaté le matin, en pleine saison sèche. De la terre craquelée montaient encore des colonnes de vapeur autour desquelles bourdonnaient des nuées de mouches vertes. Ruisselants de pluie, les commandants des différentes unités rebelles présents à Goma s'ébrouaient dans l'entrée du presbytère miraculeusement épargné de l'église de la Sainte-Famille, où ils devaient mettre au point les derniers détails de l'offensive sur Uvonia.

Dans la salle de conférences saturée de chaleur malgré l'ombre verdâtre des bananiers, ils se répartirent autour de la grande table branlante : d'un côté, Santos, Siniscaldi, Kim, les chefs des Ikontany, de l'armée populaire de libération et des maquis locaux ; de l'autre, Thomas, Kagamé et les responsables de la brigade du Maniéma. De jeunes combattants azande au masque blanc étaient postés le long du mur et devant la porte. Tout le monde avait gardé ses armes.

Thomas et Santos occupaient chacun un bout de table. Le métis scrutait l'Antillais assis sur le Lehuana. Il admirait son intelligence, son charisme, son efficacité dynamisée par une violence contenue. Il adhérait sans réserve à la ligne la plus radicale qu'il incarnait au sein du Front de libération. Mais il ne parvenait pas à se défaire d'une sorte de malaise. Il pressentait chez Santos un désespoir insondable et inquiétant. Au-delà de Kvarner, de Cermier, des mercenaires, au-delà des

Noirs écrasés, au-delà de l'Afrique et des mers, il sentait que l'Antillais réglait avec lui-même de terribles comptes et qu'il désespérait de les solder ici, au Congo.

Kagamé s'agita auprès de Thomas, faisant tinter les osselets suspendus à son bandeau. Délivré de son attirail de lépreux, le sorcier aveugle avait meilleure allure depuis que ses cheveux hirsutes étaient tressés en petites nattes. A part ça, rien n'avait changé. Drapé dans son long manteau en peau de singe, un essaim de mouches tournoyant autour de son moignon droit, il caressait des deux doigts restants de sa main gauche son bâton orné de plumes et de dents de fauve fermement calé entre ses genoux. Son visage extraordinairement mobile donnait l'impression qu'aucun mouvement n'échappait à ses yeux morts.

Le sorcier détestait Santos et cela, curieusement, rassurait Thomas. Pour Kagamé, Thomas était Simon Kasongo, le donneur de dawa, Lumumba ressuscité des morts. Il était sacré.

Après les palabres d'usage, Santos se dressa sur ses pieds nus, déploya sa carcasse de titan et se tourna vers l'immense carte du Congo, du Rwanda et du Burundi déployée dans son dos. Tout l'Est du bassin congolais était constellé de fanions dorés et d'épingles vertes et blanches.

– Nous sommes ici... ici... là... là... et là... Nous contrôlons les forêts du Nord jusqu'à la frontière soudanaise, jusqu'en Ouganda et au Rwanda, les monts Virunga, les collines du Kivu et toute la brousse de l'Est. Les gros porteurs de Juba atterrissent maintenant sur la piste de Goma. A Washington, à Bruxelles, à Paris, les gouvernants tremblent. A Léopoldville, c'est la panique.

Thomas avait beau savoir tout cela, il était fasciné : en moins de deux ans, les clairières de la forêt équatoriale, les montagnes, les plaines, les rives des rivières et des lacs s'étaient couvertes de drapeaux colorés. Même au-delà du fleuve Congo, vers l'ouest, les petits drapeaux n'arrêtaient pas de pousser. L'espace infini des plaines devenait tangible. Même la forêt bougeait. Le mur vert craquait de toutes parts. Les jungles de pluies, elles aussi, s'étaient mises en marche. Leurs silencieux guerriers siégeaient à cette table : treize Pygmées de la forêt d'Ituri ; treize petits hommes, couverts de poils imprégnés de sang de singe ; treize faces tuméfiées par leur étrange coutume de s'ouvrir les joues au couteau et de refermer leurs blessures sur des feuilles et des grains sacrés.

La voix de tête de Santos arracha Thomas à sa contemplation.

– Les camps de ravitaillement seront avancés. Ici... ici... et là. Plus rien ne restera dans la forêt ni dans les montagnes.

Kagamé tourna ses yeux vides vers lui.

– Tu oublies un peu vite les bombardiers ennemis.

– Ne t'inquiète pas ! Les pluies seront là dans dix semaines au plus. Tu connais les nuages de chez nous ? Épais ! Gris ! Mortels pour les pilotes. Leurs bombardiers, leurs Mirages, leurs Alouettes seront cloués au sol par les tempêtes. Crois-moi, Kagamé, aucun pilote, quelle que soit la prime promise, ne voudra plus s'aventurer au-dessus de la savane !

Des yeux, il balaya la table.

– Dès demain, nous attaquerons.

Santos se mit à arpenter la pièce de son pas lourd, égrenant la longue liste des villes, des bourgs, des villages, des stations missionnaires, des cités minières, et des garnisons gouvernementales du Maniéma central.

– En septembre, nous atteindrons les montagnes qui bordent la cuvette d'Uvonia. Et là, nous nous battrons ! En attendant, il nous reste à prendre près de quarante places ennemies.

Le pari tenait de la provocation : l'armée de libération comptait à peine vingt mille hommes. Et encore ! Dans presque tous les combats, elle perdait des cadres. Les deux tiers des effectifs avaient dû être renouvelés après chaque saison sèche. Les attaques au napalm incendiaient la forêt, le feu gagnait la savane, la transformant en une mer de flammes qui engloutissait des milliers d'hommes et de femmes. La bilharziose, le paludisme et l'eau pourrie des étangs faisaient le reste. Les survivants manquaient de tout, y compris d'eau : les gouvernementaux empoisonnaient systématiquement les sources et les citernes des territoires qu'ils évacuaient.

Personne ne broncha. Santos se rassit sur le Lehuana. Les coudes posés sur la table, il reprit :

– Je viens de recevoir cet ordre du comité militaire du Conseil national de libération : à partir d'aujourd'hui, toutes nos brigades, tous nos bataillons, toutes nos colonnes sont dissous. Ils feront place à de petites unités mobiles de guérilla qui se glisseront comme autant de serpents dans les herbes hautes des savanes du Sud.

Allumant un nouveau cigare, il en tira une bouffée, toussa, s'éclaircit la gorge :

– A partir d'aujourd'hui et jusqu'en septembre, les commandants de ces unités seront seuls responsables de leurs décisions. Entre nous, les communications seront rompues. Chaque unité opérera librement dans le secteur que je lui assignerai dans un instant. Elle mobilisera, encadrera, formera les paysans du secteur. Et c'est avec ces hommes nouveaux et à peine armés, je sais, je sais...

D'un geste plus impérieux qu'apaisant, il imposa le silence :

– ... que, sous la direction des commissaires politiques et des commandants militaires, les objectifs désignés seront attaqués. Je dis bien : attaqués. Et attaqués jusqu'à ce qu'ils tombent. Les officiers blancs et les Flèches noires seront exécutés devant la population. Les soldats noirs désarmés et renvoyés chez eux. Les garnisons rasées et notre drapeau planté dans les ruines. C'est tout.

De l'autre côté de la table, Thomas se dressa.

– Non, Santos, ce n'est pas tout. La brigade du Maniéma ne se dissoudra pas.

L'Antillais, impavide, eut un sourire glacé.

– Tu as raison, Kasongo. Ta brigade ne se dissoudra pas.

– Alors ?

– Elle se répandra dans Uvonia !

– Mais nous allons à l'abattoir, Santos ! Nous sommes cinq cents combattants sous-équipés et la garnison compte trente mille homme surarmés. Tu veux nous faire massacrer ?

– Non, c'est vous qui allez les massacrer, Kasongo. Et je vais même te dire comment.

Ménageant ses effets, il changea de position :

– Vous allez vous infiltrer dans la ville. Vous allez dynamiter les puits, faire sauter les galeries, détruire les systèmes d'aération et les conduites d'eau. Vous allez noyer les mines.

Après un silence, il ajouta :

– Tu sais encore manier les explosifs, je suppose ?

Thomas, abasourdi, bégaya :

– Tu veux que nous fassions sauter les puits ? Que nous inondions nos mines ? Mais tu veux donc tarir notre unique ressource de vie pour des générations ? Tu es devenu fou, Malcolm ! Jamais je n'exécuterai un tel ordre !

Les deux hommes étaient debout, face à face. Les chefs se levèrent à leur tour. Chacun reprit son arme sur la table. Le ventilateur rythmait doucement le silence. Deux mondes s'affrontaient. Nul ne le savait mieux que Thomas, qui venait de comprendre la stratégie de Santos : en noyant les mines, il priverait les puissances occidentales, leurs industries et leurs armées de minerais essentiels. Il se moquait bien de faire du Maniéma un désert par la même occasion. La vie de ces Noirs lui importait peu. Seule comptait la défaite définitive des Blancs. Et Santos haïssait trop les Blancs pour sauver les Noirs. C'était là sa faille, sa folie.

Thomas n'était pas décidé à se laisser entraîner dans ce délire. Sans le quitter des yeux, il évaluait ses chances. L'Antillais jouait habilement des conflits tribaux, et les hommes du Nord lui étaient acquis. Mais lui, Simon Kasongo, secrétaire exécutif du syndicat clandestin des mineurs, était le chef incontesté des peuples du Sud qui contrôlaient virtuellement la région la plus riche de l'Afrique. Il leur faudrait désormais lutter contre les Blancs et contre ce fou. Ça faisait deux fronts au lieu d'un. C'était beaucoup, mais Thomas n'avait pas le choix. Il luttait pour la dignité, pour la liberté, pour la vie des Noirs. Pas des Noirs abstraits, simples pions sur un échiquier. Les Noirs du Congo, du Maniéma, d'Uvonia. Demain, dans un pays libre, sur un continent en paix, ce serait eux, les hommes scarifiés dont la peau sombre était encore noircie par la poussière du fond, qui décideraient pour eux, leurs femmes et leurs enfants, de leur existence. La mine, pensait Thomas, était leur bastion, le garant de leur liberté future. La détruire serait signer leur arrêt de mort.

Sous le regard inexpressif de Santos, il leva posément sa mitraillette à la hauteur de sa hanche, recula pas à pas vers la porte, flanqué de l'aveugle et des simba. Personne ne fit un geste.

CINQUIÈME PARTIE

I

Kvarner avait si vite quitté Uvonia qu'il n'avait pas eu le temps de se changer. Son complet de broussard chiffonné portait la vilaine tache brune laissée par la rose de sa boutonnière qu'il avait écrasée pendant son sommeil. Quand l'hôtesse annonça que l'avion survolait le Newfoundland, il regarda à travers le hublot les terres grises et désolées de l'île.

– A peine une heure avant New York !

Kvarner se roula une cigarette.

Les agents du contre-espionnage dirigés par Cermier et ceux des différents services secrets étrangers – israéliens, français, sud-africains, américains – d'Uvonia ne lui avaient transmis que des renseignements incomplets sur la conférence de Goma. Kvarner, se fiant à son intuition, avait rempli les trous. La prétendue Armée de libération s'apprêtait évidemment à envahir les savanes du Sud-Est, la région du haut fleuve et la cuvette. Dans dix semaines au plus, les pluies viendraient. Une couche de nuages couvrirait alors le Maniéma, plaquant les avions au sol. Rien n'arrêterait donc les insurgés : ils couperaient les pistes, le chemin de fer et le fleuve. Et dès le début octobre, au plus tard, ils attaqueraient Uvonia. Au Congo même, personne n'y pouvait rien. Kvarner connaissait trop la corruption et l'inefficacité du gouvernement de Léopoldville, la veulerie de ses conseillers étrangers et la haine que suscitaient dans la population l'arbitraire et la cruauté des mercenaires et de certains chefs de la Sûreté. Quant à la gendarmerie et à l'armée gouvernementale, mal payées et sans discipline, leur occupation principale consistait à piller les régions qu'elles étaient censées protéger. Une bande de bons à rien, secouée en permanence par des mutineries, déchirée par les affrontements tribaux, dirigée par des généraux au pire imbéciles et incompétents, au mieux rusés et vénaux. Côté congolais, donc, il n'y avait rien à attendre. Restaient les États-Unis. Or, depuis des semaines, les émissaires que Kvarner envoyait à Washington revenaient les mains vides. Le président Johnson refusait obstinément d'expédier des troupes combattantes. Kvarner n'avait plus le choix : après trente ans de lutte contre le consortium, il allait offrir à la Manhattan World le contrôle des mines du Maniéma : si les mines d'uranium, d'or, de platine, de cobalt devenaient propriété américaine, Johnson ne pourrait plus refuser l'intervention directe contre les rebelles communistes. Ça signifierait un déluge d'acier sur le Maniéma. Mais une fois les rebelles anéantis sous le napalm, la pluie laverait les ruines. Et qui sortirait, plus puissant que jamais, des décombres ? Kvarner ! Car le nouveau gouvernement noir qu'il soudoierait, ni plus ni moins que d'habitude, lui confierait immédiatement les concessions nouvelles et exproprierait la Manhattan World. Même en admettant que les conseillers américains arrivent à placer leurs propres hommes dans la capitale, Kvarner pouvait compter sur Cermier. Cermier détestait les Américains.

– Bien joué, dit Valmont.

Kvarner ne s'était pas rendu compte qu'il avait pensé à haute voix. Il rit.

– Nous les aurons, hein ?

– Qui donc, Excellence ?

– Les deux, mon vieux. D'abord les Noirs, puis ceux de Manhattan. Allez, Valmont, donnez-moi votre paperasse.

Kvarner commanda à l'hôtesse un jus d'orange pour Valmont et une double vodka pour lui.

Il examina le dossier sur les résultats de la Compagnie et la situation militaire dans l'Est du Congo. Valmont était terriblement vénal, mais efficace. Il avait bien ficelé son affaire. Tout était question d'équilibre : il fallait frapper l'imagination de ces banquiers blasés en évoquant les enfants brûlés et les prisonniers débités à la hache, mais ne pas en faire trop et doser l'horreur. Les hommes de la Manhattan World iraient jusqu'au bout de la planète, à genoux et les pieds en sang, pour trouver de l'argent, mais sans risques excessifs. Mieux valait présenter les rebelles comme de sombres crétins qu'une bonne dose de napalm renverrait à leur jungle.

Au moment où le Coronado amorça la descente, Kvarner sentit un urgent besoin de pisser qu'il réprima immédiatement, anticipant sur la douleur. Ça attendrait aussi bien à New York. Mais ça le rendit nerveux. Il guettait le tableau lumineux, attachait trop tôt sa ceinture, vérifiait qu'il avait bien dans sa poche le passeport diplomatique qu'il avait pris soin de se faire établir lors de son transit à Léopoldville. Valmont l'agaçait à ranger ses dossiers. Kvarner se souvint brusquement de son ridicule prénom. Frédéric-Eusèbe. C'était tout Valmont, ça. Si pompeux. Mais brillant aussi : un curriculum vitae impeccable. Il l'avait débauché, en y mettant le prix, à l'Office des transports du Congo. C'est par lui que transitait toute la richesse du pays. A part ça, une femme et des enfants en Belgique et une flopée de maîtresses africaines qu'il entretenait en catimini. Pauvre Valmont. Tout le monde le savait à Uvonia, ricanait dans son dos de ces secrets ridicules, mais craignait son zèle féroce. La voix de son maître. En pire. Ce type d'à peine quarante ans, sous son aspect sec et élégant, était un salaud, prêt à tout pour du fric. Lèche-bottes à souhait, avec ça. Excellence ! Encore une invention de Valmont.

– Excellence, nous arrivons.

Kvarner eut du mal à ne pas éclater de rire.

Le titre dérisoire d'« ambassadeur itinérant de la République du Congo » lui permit de descendre le premier la passerelle. Il recula, suffoqué : après l'air vivifiant de la saison sèche des plateaux du Maniéma, il basculait sans transition dans la fournaise new-yorkaise.

Avec un sourire suave, l'hôtesse précisa qu'une vague de chaleur exceptionnelle s'était abattue sur la côte est.

– Jamais eu aussi chaud de ma vie ! Au revoir, mademoiselle.

II

Son frère l'attendait derrière la porte vitrée. Kvarner sourit en reconnaissant sa petite silhouette trapue, sanglée dans un costume élimé, son visage triangulaire ridé comme une vieille pomme sous son chapeau de paille. Il pleurait derrière ses lunettes. Kvarner n'était pas loin d'en faire autant.

– Grünfeld et Greenfield pleurent dans un aéroport. On a l'air fin, Julius !

Il l'étreignit.

Julius et Rachel habitaient un petit trois-pièces à Brooklyn. Son frère, sa belle-sœur, ses deux neveux, sa nièce et leur flopée de moutards étaient les seuls êtres au monde pour lesquels Kvarner éprouvait de l'affection et du respect. Les Greenfield avaient beau lutter en permanence contre les soucis d'argent, ils refusaient toujours avec obstination d'être aidés par Kvarner, n'acceptant que quelques cadeaux à l'occasion de la bar-mitzvah des garçons.

Installé au volant de son taxi, Julius prit tout naturellement la direction de Brooklyn.

– Plus tard, Julius ! Emmène-nous au Plaza. J'ai un problème urgent à régler à Wall Street. Ne m'en veux pas. Je viendrai chez vous dès que je pourrai. Embrasse Rachel et les enfants !

Julius les déposa devant le palace, en bordure de Central Park.

III

Une lumière douce filtrait à travers les rideaux. Kvarner s'étira dans son lit et sonna. Il demanda à la femme de chambre de lui faire couler un bain, enfila son peignoir, ouvrit la fenêtre et fit quelques pas sur le balcon ensoleillé. Du douzième étage, la vue était superbe. Les feuilles des arbres tournaient au rouge dans Central Park. En ce weekend de Labour Day, le trafic était fluide. Le silence inhabituel et l'indicible beauté de Manhattan l'émerveillèrent. C'était un instant de paix inoubliable.

La lecture des journaux le mit de bonne humeur. « Avance communiste dans la province orientale du Congo », titrait le *New York Post*. « De notre correspondant à Stanleyville : des réfugiés provenant de la région des Grands Lacs font état d'une épidémie de choléra sévissant au Kivu. Il y aurait des milliers de victimes », annonçait le *Los Angeles Times*. Plus populaire et plus criard, le *Long Island Daily* titrait : « Marée rouge sur le Congo ». La une du *Washington Post* (« La situation se détériore en Afrique centrale ») renvoyait à la double page de son supplément dominical exhibant des photos de corps déchiquetés à la machette, de têtes empalées sur des lances, de religieuses aux yeux hagards, debout au bord d'une fosse commune. L'éditorial grave et sentencieux du *New York Times*, alarmiste à souhait, concluait : « Le Congo sera-t-il le Cuba de l'Afrique ? »

Kvarner jubilait : la presse lui préparait le terrain.

IV

Une fumée bleue pesait sur la salle, les cendriers débordaient de bouts de cigares, les appareils de climatisation peinaient à évacuer l'air saturé par dix heures de tabagie. Kvarner bataillait depuis le matin. Plutôt que sur l'or ou les diamants, il avait décidé, pour les convaincre, de mettre le paquet sur l'uranium.

Autour de la table des hommes taciturnes, en complet gris, l'écoutaient, regardant à travers les baies vitrées le jour qui déclinait. Des ombres grises descendaient maintenant le long des façades.

Kvarner eut soudain l'impression que les hommes de la Manhattan World attendaient tout simplement qu'il s'effondre de fatigue, que le Juif parvenu crève. Ils espéraient ça depuis si longtemps !

La troisième société multinationale minière de la planète, après la De Beers Limited et la Anaconda Copper, n'avait qu'un objectif : bouffer les autres, absorber ses concurrents, arrondir son empire. Sur les cinq continents, elle contrôlait des richesses gigantesques, connaissait avec précision les vices et les faiblesses de chacun de ses vassaux, dans chacun des gouvernements d'Asie, d'Amérique, d'Australie, d'Europe et d'Afrique, récompensant fastueusement les fidèles clients, faisant assassiner les indociles. Au Pentagone et dans les services secrets de Washington, elle disposait d'alliés solides, rémunérés avec discrétion : les coups d'État organisés par leurs soins étaient parfaitement orchestrés. A la Bourse des métaux de Londres, elle manipulait les cours à sa guise. Pour cet empire goy, Kvarner, le roi d'Uvonia, n'était qu'un petit youpin.

Kvarner avala une nouvelle pilule, sortit sa rose du verre où il l'avait plantée en arrivant et but d'un seul trait l'eau tiède. Ses mains tremblaient.

– Écoutez-moi bien, messieurs ! La production mondiale d'uranium est aujourd'hui inférieure à trente mille tonnes par an. Elle était de quarante-trois mille tonnes en 1960, quarante et un mille en 1961 et trente-six mille en 1962. Elle diminue donc d'année en année. D'accord ? Mais il y a pire, ou mieux, c'est selon : pendant que l'offre diminue, la demande augmente ! Et de beaucoup encore. La construction de centrales nucléaires dans de nombreux pays exigera cinquante mille tonnes d'uranium vers l'année 1970 et soixante-dix, voire quatre-vingt-dix mille tonnes en 1985.

Sûr d'avoir marqué un point, il regarda, triomphant, l'auditoire. Les hommes autour de la table, tels les juges de Job, ne bronchaient pas. Leurs faces blêmes renvoyaient l'éclat blême des néons. Le président avait l'œil encore plus inexpressif que les autres. Des veaux, pensa Kvarner.

Tout en se roulant une cigarette pour se donner contenance, il amorça son assaut final :

– Vos réserves sont faibles. Je vous offre le troisième champ d'uranium du monde. A des prix inespérés pour vous. La Compagnie minière du Haut-Maniéma n'a jamais été cotée en bourse, mais vous savez ce qu'elle vaut. Je ne vous demande que vingt et demi pour les actions ordinaires, cent quatre-vingt-sept et quart pour les titres en gage et trente et un trois quarts pour les actions nominatives. Et je vous offre même de prendre à ma charge les commissions bancaires et les taxes de l'année. J'accepte d'être payé en papiers valeurs et dans des délais qui sont à négocier.

Il s'entendait parler devant ces WASP, avec son anglais exécrable, son accent russe, il avait l'air d'un minable. Autant en remettre.

– Messieurs, vous avez devant vous un vieil homme, fatigué des affaires, lassé de se battre, désireux de se retirer en paix. Je dépose entre vos mains l'œuvre de ma vie.

Un silence polaire lui répondit. Mais il insista. Soudain, il croyait à sa fable. Il se sentait en effet usé, prêt à rendre les armes. Il en aurait pleuré. Il se traita de vieux crocodile et les regarda. Toujours impavides derrière leurs cigares puants. Ils savouraient leur revanche. Il n'y en avait pas un ici qui, depuis trente ans, n'ait eu à subir une blessure, une insulte ou un coup bas de Kvarner. Ils jaugeaient la résistance de la bête avant l'estocade. Même à terre, un type pareil était potentiellement dangereux. Ça demandait réflexion.

Le président de la Manhattan World Company se leva cérémonieusement.

– Le Conseil délibérera, cher monsieur. Nous examinerons votre offre. La décision vous sera communiquée. La séance est levée.

Kvarner sortit le dernier avec Valmont. Leur ascenseur s'arrêta à chaque étage. Lorsqu'ils arrivèrent enfin au rez-de-chaussée, Kvarner poussa son secrétaire dans la voiture.

– Je rentre à pied.

V

Stanislas Antony Kvarner n'était plus qu'Ariel Grünfeld. Il longea la rue déserte, gouffre obscur entre deux rangées de gratte-ciel. A la hauteur du petit temple hollandais, il tourna à droite, traversa Pine Street et déboucha sur Broadway. Des gardes armés, des clochards, deux ou trois filles fanées, c'est tout ce que quatre millions de spéculateurs et de scribes laissent derrière eux à la tombée de la nuit quand ils abandonnent leurs postes de combat à Wall Street.

Il pensa que, sous ses airs vachards, New York était douce, que des milliers de malheureux dorment dans ses bras et que, cette nuit, elle prendrait en charge un malheureux de plus. Il alla au port, au cœur de cette immense machine de production et d'échange dont jusqu'à ce soir il avait été l'un des rouages essentiels, puis obliqua vers Greenwich Village, remonta vers Rockefeller Center illuminé comme en plein jour. Une bruine tiède mouillait le trottoir. Appuyé à la balustrade, il vit un groupe de très jolies femmes en robes de soirée bavarder tranquillement. La pluie fine tombait sur leurs épaules dénudées, creusait entre leurs seins de discrètes rigoles dans le maquillage. L'une d'elles lui rappela Isabel. Pour la première fois depuis longtemps, il eut une pensée furtive pour son ancienne maîtresse. Il ne savait pas ce qu'elle était devenue, ni où étaient les enfants. Il prit conscience que c'était ses derniers enfants et que c'était à eux qu'il avait donné les noms de Rachel et Julius.

L'aube remontait Broadway. Sa flamme rouge alluma brusquement la ville. A Times Square, seul un magasin de journaux étrangers était encore ouvert. Au fond du magasin, Kvarner découvrit quelques chaises et une machine à café. Il s'assit parmi les sacs poubelles. Avec sa rose fanée, son complet chiffonné et sa barbe grise, vieille de vingt-quatre heures, il avait l'air d'un de ces ratés qui peuplent les cabarets louches de la Quarante-Deuxième Rue. Kvarner se sourit faiblement dans le miroir. En face sur l'immeuble du *New York Times*, à mi-hauteur entre la porte de bronze et les balcons, défilait un texte lumineux. Il fit un effort pour accommoder sur une publicité absurde pour le dentifrice Kolynos enchaînant sur les informations du jour. 6 septembre 1964 : les résultats et les commentaires d'un match de boxe. 6 septembre 1964. Il allait décrocher quand il lut : « La radio de Stanleyville annonce la création dans cette ville d'une République socialiste et populaire. La nouvelle République est présidée par M. Christophe Gbenye. » Publicité pour la bière Rheingold. 6 septembre 1964 : « Depuis 1963, M. Christophe Gbenye était le président du Conseil national de libération, installé à Brazzaville, chargé de la coordination de l'action des différents mouvements lumumbistes dans les provinces. » Publicité pour Marlboro. 6 septembre 1964 : « De source diplomatique occidentale, on apprend que l'Algérie, Cuba, l'Égypte et la Chine communiste auraient manifesté leur intention de reconnaître la République socialiste et populaire de Stanleyville. » Publicité pour Coca-Cola. 6 septembre 1964 : « L'homme fort du gouvernement rebelle serait Malcolm Santos, né à la Barbade, qui selon Bujumbura via l'agence Reuters occuperait le poste de vice-ministre de la Défense. Son adjoint serait un militaire chinois, appelé Kim. » Publicité pour Hollywood Chewing-gum. 6 septembre 1964 : « Les services spéciaux du gouvernement de Léopoldville sont persuadés que Santos se trouve actuellement au Maniéma, probablement près de la ville d'Uvonia. »

Kvarner bondit, blême, ferma les yeux, prêt à s'évanouir. Quand il les rouvrit, il lut : « A Stanleyville, les rebelles ont pris d'assaut le consulat général des États-Unis. On est sans nouvelle de M. James T. Hot, consul général, et de quatre de ses collaborateurs. »

Il respira profondément. Une véritable bouffée de soulagement l'envahit. Dire qu'il avait failli abandonner ! Déjà il s'en voulait d'avoir douté de sa propre force. Kvarner, brisé ? Un clochard traînant son désespoir dans un bar crasseux ? Il éclata de rire. Il jeta un billet sur le comptoir, et attrapa un taxi. Au Plaza, il se rua sur le concierge.

– L'ambassade du Congo, à Washington, urgent. Laissez sonner ! Ils dorment à cette heure-ci. Vite !

Kvarner se roula une cigarette en regardant le concierge consulter l'annuaire et embrouiller les fuseaux du standard. Il se mit à arpenter le hall.

– Vous avez Washington.

Il prit l'écouteur sur le bureau de la réception

– Niomé, c'est vous ? Bon, allez le réveiller.

...

– Je vous dis d'aller réveiller l'ambassadeur.

...

– Allô, Niomé ? Ici c'est Kvarner, Kvaaarrrnerrr.

...

– Non pas à Uvonia, au Plaza, à New York !

...

– Vous savez les nouvelles ? Ah non ! Un gouvernement communiste a été proclamé à Stanleyville. La Havane, le Caire, Alger et Pékin l'ont déjà reconnu. Le consulat général des États-Unis a été incendié. Des citoyens américains sont retenus en otages. Peut-être sont-ils déjà morts. Le commandant en second de leur prétendue armée populaire est un Chinois. Parfaitement, nous sommes attaqués par une puissance étrangère.

...

– Tout à fait d'accord avec vous. Ce sont des crétins. Ils se démasquent bêtement. Une République populaire en pleine Afrique centrale ! Quelle connerie !

...

– Que faire ? Mais vous êtes bouché ! Bon, je recommence : vous allez appeler Bundy. Oui. Lui-même.

...

– Mais depuis, la situation a changé. Complètement. Appelez-le, je vous dis.

...

– Il réveillera le président, faites-moi confiance ! Une République communiste au cœur de l'Afrique, les Américains n'aimeront pas ça, croyez-moi !

...

– Comment ? Mais c'est clair comme le jour, mon vieux ! Vous allez demander des Douglas Skyraiders A1H. Ils les ont tout près, à Nairobi. C'est un monoplace d'assaut et de bombardement doté de deux canons de vingt millimètres et deux engins Tiny Tim. Je préférerais des bombes antipersonnelles ou du napalm, mais enfin. Faites ce que vous pouvez.

...

– Non, ce n'est pas tout : il nous faut aussi des Skyhawks A4E pour détruire leurs lignes de ravitaillement. Jusqu'au Burundi et jusqu'au Soudan.

...

– Comment je sais tout ça ? Mais les avions, ça me passionne depuis que je suis môme. Il faut donc un bombardier à réaction. Monoplace. Bundy saura. Et Léopoldville paiera. Au besoin je m'arrangerai moi-même. Et puis, Niomé, ne vous faites pas rouler, hein ! Pas de vieux coucous ! Il nous faut tout cela dans les quarante-huit heures, compris ?

Les premiers clients sortaient des ascenseurs. Kvarner continuait à crier. Les passagers des avions du matin le regardaient, ahuris, interrogeant du regard le concierge.

– Les pilotes ? On s'en fout. N'importe qui ! Des anticastristes, des Formosans, des types de la CIA, des Mongols, le roi de France !

...

– N'oubliez pas d'informer Léopoldville.

...

– J'ai dit « informer », pas attendre leurs instructions. Chaque minute compte ! Le pouvoir, ici, c'est moi. Pas d'histoires.

Kvarner haussa encore le ton, inconscient des coups d'œil méprisants sur son costume froissé, sa barbe, ses yeux pochés de fatigue.

– Ah ! ce soir, quand tout sera en route, vous faites une conférence de presse. Caviar, champagne ! Invitez tout le gratin de la télévision, de la radio, de la presse écrite, mais aussi du Congrès et des ambassades ! Insistez sur l'importance capitale du Maniéma pour la défense du monde libre ! Citez un à un tous les minerais stratégiques que nous produisons et livrons aux Américains ! Niomé, procurez-vous une carte de l'Afrique. Projetez-la durant la conférence de presse ! Ces Yankees sont ignares. Montrez-leur où se trouve le Maniéma. Décrivez-leur notre position géostratégique. Soyez didactique, Niomé ! Vantez aussi la démocratie qui règne chez nous, au Congo, l'attachement de nos dirigeants aux valeurs chrétiennes, leur anticommunisme viscéral, et tout le bataclan. Mettez le paquet ! C'est votre boulot d'ambassadeur et ça ne vous arrive pas tous les jours d'avoir à le faire. Bonjour, Niomé.

Il raccrocha, jeta un coup d'œil dehors. Sur Central Park, un soleil rouge s'élevait dans le ciel. De l'Hudson River montaient des vapeurs transparentes. Splendide !

Kvarner regagna sa chambre, rappela le concierge, il demanda qu'on lui envoie une fille. Avant qu'elle ne frappe à sa porte, il s'était endormi.

VI

L'arrêt de mort fut prononcé quelques jours plus tard. Le speaker du téléjournal du soir de la chaîne CBS porta le coup de grâce :

« Devant les réticences de la majorité démocrate du Sénat et l'opposition du Pentagone, le président Johnson renonce à envoyer des troupes américaines au Congo. Quant à d'éventuels bombardements aériens sur Stanleyville et sa région, ils se révèlent actuellement impossibles vu les conditions météorologiques au Congo oriental. Les ressortissants américains, retenus en otages par les rebelles... »

L'écran se brouilla devant les yeux de Kvarner. Une douleur aiguë lui vrillait le cœur par saccades. Son bras gauche semblait paralysé. Il ouvrit la bouche, cherchant l'air.

La femme de chambre le trouva près de la table basse, étendu sur la moquette, le visage congestionné, l'arcade sourcilière ouverte, un bras replié sous le corps.

Julius n'aurait jamais cru que cet arbre fracassé pût reprendre vie. Kvarner guérit. A l'hôpital Zion. Péniblement, miraculeusement, il émergeait.

Il faisait toujours le même rêve, d'une extraordinaire précision : un ouragan de flammes déferlait sur Uvonia, engloutissant les palmiers de l'avenue Minsk, les dépôts, les ascenseurs, le chemin de fer, les galeries, les hostels et l'Ermitage. Des colonnes de fumée montaient de la ville, le sol se fissurait.

Uvonia, l'œuvre de sa vie, était réduite en un tas de cendres.

Il n'était pas si loin de la réalité. Durant sa convalescence, il apprit qu'une grève générale des mineurs avait éclaté à Uvonia, et ça n'avait pas été beau. Tous les jours, il appelait Uvonia et donnait ses instructions. Ben Moussa lui télexait la liste des arrestations et le compte rendu des interrogatoires. Kvarner cochait froidement le nom des gens à éliminer. S'il avait un doute, il cochait quand même.

Vers la fin du mois de septembre, la grève matée et sa santé rétablie, Kvarner décida de rentrer en Afrique malgré les protestations de Julius, de Rachel et des enfants.

Au-dessus de New York, le ciel était lumineux et gris. Le taxi maintenant roulait à travers les faubourgs tristes de Queens. Des deux côtés de l'autoroute, des cimetières immenses poussaient leurs croix vers le ciel.

Julius n'avait pas désarmé. Arrivé devant la grande porte d'entrée de l'aéroport Kennedy, il suppliait encore :

– Ariel, reste avec nous ! Que vas-tu faire là-bas ? Ils vont te tuer. Tu t'en es tiré. Les médecins eux-mêmes n'en reviennent pas. Tu t'en es sorti, mais tu as le cœur malade. Si tu as une nouvelle attaque, qui, mais qui, bon Dieu, pourrait te soigner dans ton bled pourri ?

...

– Ariel, tu m'entends ?

A bout de ressources, spontanément, Julius retomba dans le yiddish de leur enfance.

– *Es macht kein Sinn, Ariel. Du bist meschugge. Di goïm gaït dir toït machen.*

Kvarner ne répondit pas. Allait-il assister passivement à la victoire de ses ennemis ? Accepter la destruction de son œuvre ? Se rendre sans livrer bataille ? Sacrifier son honneur à sa peur de la mort ? Déserter ? Jamais.

Dans le hall de l'aéroport Kennedy, Julius fit une ultime tentative :

– Ariel, reste, je t'en prie ! Je ne suis qu'un pauvre type. Je n'ai ni ton intelligence ni ton savoir. Mais je suis ton frère ! Tu crois que tu as gagné parce que cette grève générale a été écrasée ? Tu te trompes ! Ces nègres ne te lâcheront plus. Ils te tueront ! Mais bon Dieu, Ariel, il y a autre chose dans la vie que les mines, l'argent, le pouvoir.

– Justement.

Il tendit la main à Julius et, d'une voix solennelle, il prononça les deux uniques mots d'hébreu dont il se souvenait :

– *Le haïm !* (A la vie !)

SIXIÈME PARTIE

I

Déjà avertis des grandes lignes de la conférence militaire de Goma, Hatima, Don Luis, Oliveira, Mariano, Vasconcelos, Farias et les autres dirigeants du syndicat clandestin des mineurs du Maniéma apprirent les détails de l'affrontement entre Kasongo et Santos par Kagamé, revenu d'urgence du Kivu.

L'idée que Santos veuille noyer les mines horrifiait les syndicalistes. La seule riposte consistait à organiser une grève insurrectionnelle et ordonner l'occupation des galeries par les mineurs avant que les troupes de Santos n'atteignent la cuvette. Le déclenchement de la grève générale était fixé au 29 septembre, à six heures du matin.

Mais, le 28 septembre, probablement avertis par des indicateurs infiltrés dans les hostels, les agents de la Sûreté, soutenus par les sbires du contre-espionnage dirigé par Cermier, arrêtèrent presque toute la direction clandestine et de nombreux militants.

Nuit et jour, les camionnettes Toyota déchargèrent au pied de l'escalier d'honneur de la villa Sans Souci leurs cargaisons de mineurs et d'ouvriers menottés, la tête couverte d'une cagoule. On les poussait dans les cellules bétonnées du soussol où, faute de place, les prisonniers se tenaient debout, pressés les uns contre les autres. Plusieurs fois par jour, on les conduisait à coups de matraque aux étages supérieurs où se déroulaient les interrogatoires. Salles de séjour, salons, bibliothèques et salles de bains reconvertis en chambres de torture exhibaient leur sinistre matériel de baignoires pleines d'excréments, gégène, crochets, fouets, matraques hérissées de clous.

Au premier étage et au rez-de-chaussée, réservés aux prisonniers noirs et métis, les interrogatoires étaient menés par des jeunes gens dont certains avaient à peine quinze ans, fils de paysans pauvres, souvent recrutés de force et formés à la torture scientifique dans une école spécialisée près de Léopoldville par des instructeurs israéliens et américains. Laminés par un programme intensif de conditionnement psycho-politique, ils avaient perdu graduellement tout sentiment de compassion, de solidarité ou de pitié à l'égard de leurs victimes : écraser les testicules, crever les yeux, couper les langues leur procuraient un sentiment de toute-puissance proche de la jouissance.

Flanqué de l'Eurasien et du Boiteux, le Turc trônait dans le grand salon du deuxième étage. Suspendus par les pieds à des crochets fixés au plafond, pendaient, tête contre terre, les prisonniers de son choix : les Portugais. Son racisme, son mépris haineux pour les Noirs et les métis avaient convaincu Ben Moussa que le secrétaire général du syndicat ne pouvait être qu'Européen. Lucide et froid, il leur posait d'une voix égale, inlassablement, la même question :

– Qui, parmi vous, est Simon Kasongo ?

Sa litanie terminée, il faisait semblant de s'adresser à l'Eurasien.

– Quels idiots de résister ! Je sais tout sur eux ! Des Portugais exilés. Égarés par les nègres. Il suffirait qu'ils disent qui est Simon Kasongo et je laisserais partir les autres à Luanda.

– Allons, qui de vous est Simon Kasongo ?

Les prisonniers grimaçaient de douleur, mais pas un n'ouvrait la bouche. Le Turc changea de registre.

– Je suis le représentant légitime du pouvoir d'État. Je suis le chef de la Sûreté. Votre prétendu syndicat est une organisation subversive. Ses activités sont illicites. En temps de guerre, la grève est interdite. Chez nous comme dans tous les pays du monde. Répondez. Qui est Simon Kasongo ? Répondez.

La grappe de Portugais oscillait doucement, sans mot dire.

Exaspéré, Ben Moussa eut recours à la grossière ruse policière.

– Je suis votre unique chance. Ne me forcez pas à vous laisser seuls entre les mains du Boiteux et de l'Eurasien ! Ils sont terribles. Allons, qui est Simon Kasongo ?

Aucun ne répondit. Le Turc les abandonna à ses sbires.

Les os des jambes et des bras brisés à coups de barre de fer, Pedro, Itamar, Justinho avaient hurlé de douleur, mais n'avaient pas parlé. Les bourreaux s'acharnaient sur Don Luis qui supportait la torture sans broncher. Son courage leur redonnait courage.

Le Turc fit alors venir Doña Sarah. Menottée à une chaise, on la força d'assister au martyre de son mari. Toujours suspendu au plafond par les pieds, on appliquait sur ses organes génitaux, sur sa langue des décharges électriques toujours plus violentes. On le ranimait à chaque évanouissement. Après plusieurs heures, Don Luis fit un signe de sa main brisée. Ben Moussa s'approcha. D'une voix rendue presque inaudible tant sa langue était brûlée, le supplicié articula :

– Simon Kasongo, c'est moi.

Le Turc demanda qu'on le détachât, qu'on l'étendît sur le canapé et qu'on lui portât un seau d'eau claire.

Penché sur lui, il le harcela de questions :

– Qui sont les autres membres de la direction ? Quels sont les accords avec l'Armée du Nord ? Où sont tes dépôts d'armes ? Qui te fournit les explosifs ? Quel est le code pour communiquer avec les comités régionaux ?

A bout de force, Don Luis ne cessait de répéter : « Je suis Kasongo. Kasongo, c'est moi. » Puis il s'évanouit.

Comprenant tout à coup sa défaite, Ibrahim Ben Moussa entra dans une fureur démente, martelant ce visage déjà tuméfié, ces membres déjà brisés, glapissant des injures que même Doña Sarah, révulsée d'horreur, n'entendait plus. Enfin défoulé, le Turc ordonna au Boiteux de faire transporter Don Luis au fond du parc, dans le bunker de la « diète noire », un cube de béton doté d'un unique trou d'aération où on entassait les prisonniers condamnés à mourir de soif et de faim.

II

Malgré les arrestations, les tortures subies par tant d'hommes, de femmes et d'adolescents d'Uvonia et des cités minières alentour, le syndicat restait debout. Grâce au cloisonnement et aux liaisons efficaces, beaucoup n'avaient pas été inquiétés ou avaient pu s'échapper à temps. Nombre de comités régionaux et de comités de mine subsistaient : les arrestations spectaculaires opérées par le Turc avaient eu au moins le triste mérite d'empêcher *in extremis* le déclenchement de la grève générale et donc une répression à plus large échelle.

Seuls les mineurs et les ouvriers des cités de l'intérieur, avertis trop tard des événements d'Uvonia, occupèrent à la date et à l'heure prévues les bâtiments administratifs, les dépôts, les tapis roulants, les ascenseurs, les puits, s'exposant aux représailles de Cermier. Mal armés, sans instructions précises, ils furent fauchés par les mitrailleuses des mercenaires. Des commandos égorgeaient les isolés, les fuyards.

L'alerte passée, les prisonniers libérés, il fallut à Uvonia reformer et renforcer les réseaux. Tous ceux qui avaient été arrêtés étaient trop exposés pour reprendre leur poste. Beaucoup, mutilés, n'auraient d'ailleurs pas pu assumer leurs missions.

A peine relâché de la villa Sans Souci, Hatima entreprit de recruter discrètement. Il songea à Isabel. Il ignorait tout de sa liaison avec Thomas, mais se souvenait de son attitude à la cantine des Baluba. A défaut d'une militante, il voyait en elle une sympathisante potentielle, un possible agent de liaison. Le fait qu'elle ait été la maîtresse de Kvarner présentait, en plus, un avantage inestimable. Connaissant bien le milieu des Blancs, elle pourrait renseigner le syndicat sur leurs habitudes et permettrait d'infiltrer le mess des officiers et quelques familles d'ingénieurs en recommandant de faux domestiques.

Il apprit qu'elle avait quitté la cantine des Baluba. Puis on lui indiqua une chambre en ville. La logeuse conseilla au jeune homme d'aller voir en amont du fleuve, à l'épicerie de sa mère. C'est là qu'il la retrouva. Elle s'y était installée depuis que le Calabrais avait été interné à l'asile des sœurs du Saint-Nom-de-Marie à la suite d'une crise de *delirium tremens*.

En bon militant, il l'aborda avec prudence, faisant vibrer la corde sensible, distillant quelques informations sur les atrocités de la villa Sans Souci et sur la répression. Après des jours d'approche, il lui proposa de l'aider. Elle accepta avec une sorte de jubilation qui le surprit, sans comprendre qu'il offrait à la jeune femme une revanche à la fois sur Kvarner et sur Thomas. Il lui confia d'abord de petites missions pour éprouver son sang-froid et sa discrétion. Il ne s'était pas trompé : non seulement elle était irréprochable, mais elle avait ses entrées partout, chez les Noirs et chez les Blancs que Kvarner, par orgueil, n'avait pas tenus au courant de sa rupture d'avec Isabel. Faute de savoir à quoi s'en tenir exactement sur leurs liens, les officiers mercenaires la traitaient avec une déférence ironique mais prudente. Ils ne lui refusaient rien par crainte d'un retour de bâton. Elle les savait trop pleutres pour se renseigner et Kvarner trop vaniteux pour démentir. Elle jouait sur du velours.

C'était un agent de liaison exceptionnel. Intelligente, elle mémorisait les messages les plus compliqués ; sachant parfaitement se dominer, elle traversait avec désinvolture les barrages gouvernementaux au volant de la camionnette de l'épicerie dont le double fond était bourré d'armes et d'explosifs. Sa qualité de maîtresse supposée de Kvarner lui évitait la plupart du temps et les privautés et les tracasseries. Pourtant, un soir, des mercenaires français interceptèrent la camionnette avenue Minsk. Quand elle vit qu'ils s'apprêtaient à la démonter, elle simula une colère, exigeant d'appeler immédiatement l'Ermitage. Décontenancé, le chef de la patrouille conduisit Isabel au commissariat le plus proche. Peu sûre du numéro, elle lui demanda de le composer lui-même, puis lui arracha le combiné des mains, lui laissant l'écouteur. Le majordome kenyan la reconnut tout de suite.

– J'ai été retardée sur la route, ne vous inquiétez pas pour moi.

Et elle raccrocha. Le Français la reconduisit à la camionnette, se confondant en excuses.

Un jour, Isabel ne se rendit pas au rendez-vous fixé par Hatima. Connaissant sa ponctualité, il en fut très alarmé. Qu'Isabel fût tombée, qu'elle ait été arrêtée ou qu'elle ait trahi, il verrouilla tous les réseaux. Il n'apprit que des semaines plus tard les raisons de sa disparition.

Ce matin-là, elle écoutait distraitement une émission de la radio gouvernementale en déchargeant une livraison de l'épicerie quand un speaker annonça qu'au cours d'une embuscade la nuit précédente, près du village de Luagungu, les Flèches noires avaient intercepté une colonne rebelle conduite par un métis de stature moyenne, aux pommettes hautes, fils probable d'un Chinois et d'une Africaine. On ajoutait que l'interrogatoire des prisonniers permettrait probablement d'identifier ce mystérieux commandant qui avait pu se replier, malgré ses blessures, avec les rares rescapés.

Un métis combattant, un sang-mêlé aux pommettes hautes, Isabel n'en connaissait qu'un. Suffoquée, elle sentit le passé la submerger. Plantant là ses boîtes de conserve, elle s'élança sur la piste de l'est sans même songer à prévenir Hatima. Au sortir des gorges de Shabunda, elle croisa l'arrière-garde de la colonne rebelle. Étendu sur une civière, Thomas gisait, couvert de sang et de mouches. Les hommes épuisés continuaient leur marche comme des automates, secouant rudement le corps. Isabel porta peureusement sa main au front de Thomas. Il était brûlant. Elle faillit rire : les morts n'ont pas de fièvre. « Les morts n'ont pas de fièvre. » Elle scandait ce chant de victoire tout en suivant les porteurs jusqu'au delta. Quand ils s'arrêtèrent enfin, elle réalisa qu'un vivant pouvait mourir de fièvre.

En trois semaines, Hatima avait à nouveau rendu son secteur opérationnel. A part la défection inquiétante d'Isabel, les nouvelles étaient bonnes : la reconstruction des liaisons entre les différents réseaux syndicaux encore intacts avait fait des progrès rapides. Lorsque, au début de la saison des pluies, l'armée de libération approcha par le nord des petites cités minières qui formaient comme un anneau tout autour d'Uvonia, le syndicat était à nouveau prêt pour le combat.

SEPTIÈME PARTIE

I

Entre l'aéroport d'Uvonia et les quartiers européens de la ville, des barrages successifs freinaient le trafic. La Cadillac de Kvarner avançait lentement sous le ciel d'octobre. Malgré la chaleur matinale, les officiers et les soldats de l'armée gouvernementale portaient le casque et des vestes pare-balles. Méprisant ces précautions de planqués, les officiers blancs exhibaient leurs torses nus, ruisselants de sueur. Coiffés de chapeaux de brousse aux larges rebords crasseux, vêtus d'un short kaki et de bottes de parachutiste, ils scrutaient aux jumelles les crêtes boisées qui encerclent Uvonia. L'ennemi guettait là-haut, abrité sous des tonnes de terre fraîche et d'arbres abattus, dans des casemates qu'aucun bombardement terrestre ni aérien ne pouvait détruire. Seule une attaque frontale à la grenade et au lance-flammes aurait pu les déloger, mais la garnison d'Uvonia n'en avait même plus les moyens. Elle pouvait tout juste fortifier un périmètre assez vaste pour protéger l'aéroport, les principaux champs miniers et Uvonia, en attendant les renforts de Léopoldville. Cermier restait convaincu que jamais les rebelles n'oseraient sortir de leurs trous. Et lui disposait d'assez de munitions et de vivres pour soutenir un siège qui – dans le pire des cas – ne finirait qu'avec les pluies. A la prochaine saison sèche, l'armée gouvernementale reprendrait l'offensive.

Après avoir piétiné pendant des centaines de kilomètres la terre rouge de la brousse, des dizaines de milliers de réfugiés imprimaient sur le macadam fondu de l'avenue Minsk la trace pourpre de leurs pas. C'était surtout des paysans bashi, fidèles au gouvernement, mais aussi des Babembe aux incisives limées en pointe et des Nyanga qui, pour avoir, à un moment ou un autre, fait alliance avec le pouvoir central, craignaient maintenant les représailles des rebelles.

Ils marchaient pleins de pressentiments, traînant derrière eux l'angoisse, la panique qui avaient saisi les bourgs et les villages de l'intérieur du Maniéma. Les habitants d'Uvonia les regardaient passer en silence, inconscients des horreurs à venir.

Obnubilés par les risques de sabotage, d'incendie, d'attentat, les autorités avaient dressé partout des barrages qui ralentissaient encore le flot humain. Le bruit courant que les guerriers azande et des terroristes wagénia se faisaient scarifier le torse et le visage pour se faire passer pour des Bashi, d'anciens officiers belges des affaires indigènes filtraient l'interminable cortège des réfugiés, scrutant chacun des hommes comme autant d'ennemis potentiels. De temps à autre, un cri retentissait : l'officier avait repéré un adolescent aux cicatrices rituelles trop fraîches. Deux gendarmes traînaient le suspect derrière un buisson. Les réfugiés continuaient leur chemin, sans même se retourner quand claquait la rafale de mitraillette.

Vers midi, épuisé par son voyage transatlantique, exaspéré par les contrôles répétés, accablé de chaleur, Kvarner parvint au poste de garde du quartier général de l'armée gouvernementale, établi dans une caserne fortifiée de la banlieue ouest.

Vêtu de son treillis de combat, tête nue, le visage gris de fatigue, les yeux rougis par les nuits sans sommeil, Cermier l'accueillit en souriant dans la salle des opérations, au rez-de-chaussée, entouré du général Célestin Bomboko, commandant la garnison d'Uvonia, de Bonaventure Idi, général de gendarmerie, du chef de la Sûreté Ibrahim Ben Moussa, du gouverneur Baptiste Wazungu et de plusieurs conseillers israéliens et français, nerveux, ruisselants de sueur.

D'ordinaire si méprisant, Kvarner ne put se défendre d'un sentiment d'admiration envers Cermier, parfaitement maître de soi, qui lui tendait une coupe de champagne en lui souhaitant la bienvenue à son quartier général.

Presque toute la surface du mur latéral de la salle était couverte par une carte d'état-major. Elle reproduisait les quartiers et les faubourgs d'Uvonia, la cuvette, les montagnes qui la bordent, les plateaux de l'Est, le fleuve, le lac, le delta et une grande partie des savanes occidentales.

Debout devant la carte, Cermier fit d'une voix neutre un exposé rapide et précis sur la situation, désignant de sa baguette les camps miniers tombés les uns après les autres en l'espace de quelques semaines.

En un mouvement parfaitement coordonné, les mineurs insurgés avaient occupé les puits, tandis que les vagues de l'armée rebelle investissaient les défenses extérieures. Partout, les soldats et les officiers noirs avaient été désarmés et chassés, les militaires blancs exécutés, les cadres occidentaux et leurs familles retenus en otages. Pour éviter une contre-attaque des troupes héliportées, les insurgés avaient disposé des bidons d'essence sur les places, les terrains vagues et sur les routes conduisant aux ascenseurs. Les fils téléphoniques et les rails des chemins de fer avaient été arrachés.

Les dernières photos aériennes de la région venaient d'arriver. Kvarner les examina : nulle fumée, nulle ruine. La discipline, le sang-froid de ces terroristes l'impressionnèrent et l'inquiétèrent.

A quatre heures de l'après-midi, introduit par une sentinelle, un officier mercenaire apporta au colonel la transcription décodée d'un appel radio provenant du poste de commandement installé à l'hôtel Paquidas, au centre de la ville. Cermier, sans un mot, la consulta et la tendit à Kvarner : à Uvonia même et aux alentours immédiats, quatre-vingt mille mineurs venaient d'entrer en grève, occupant les galeries, les ascenseurs et les tours. Même encerclés sur un espace réduit, même sans armes lourdes, les grévistes représentaient une force dangereuse. Kvarner le comprit immédiatement : cette grève n'était qu'un prélude. Jamais le syndicat clandestin n'aurait osé jeter la totalité de ses hommes, armés uniquement de bâtons de dynamite, de quelques AK47, de pistolets et de « xac-xac » aux gueules des mitrailleuses de Cermier s'il n'avait été assuré qu'avant la tombée du jour les rebelles déferleraient sur Uvonia.

Kvarner avait craint cette apocalypse depuis des mois. Maintenant, elle était là, à quelques kilomètres de ces murs de béton. Depuis qu'il avait remis pied à Uvonia, il savait que la bataille était perdue, qu'aucune force au monde ne pourrait empêcher sa destruction.

II

Depuis la chute de Goma, trois mois auparavant, la Compagnie minière du Haut-Maniéma avait, en toute hâte, fait fortifier la résidence privée de Kvarner. L'Ermitage disposait désormais d'une suite de sécurité de deux cents mètres carrés, modulable et divisible, blindée du plafond à la dalle, protégée par des vitres de six centimètres d'épaisseur. Des caméras de télévision interactives permettaient de surveiller toutes les pièces, tous les couloirs de la villa, des combles aux sous-sols. Les plafonds et planchers avaient été spécialement renforcés avec des dalles de trente-cinq centimètres d'épaisseur qui pouvaient résister aux bombes les plus puissantes. Scellé dans le béton armé, le salon principal abritait un coffre-fort de la taille d'une armoire.

De son appartement du deuxième étage, Valmont guettait derrière ses jumelles l'entrée du parc. Finalement Kvarner parut, marchant à pas lourds. Valmont alla à sa rencontre. Kvarner eut un sourire vague et lui demanda de le suivre. Au lieu de se rendre dans la suite de sécurité, il l'entraîna au quatrième étage où il s'était aménagé un bureau secret. Il souleva la tapisserie, actionna une manivelle qui fit basculer une porte. Valmont avait l'impression d'être le héros d'une bande dessinée. Kvarner contourna une table couverte d'anciens numéros du *Forverts*, s'effondra dans un fauteuil, sortit sa boîte de tabac noir et se roula une cigarette ventrue, maigre aux deux bouts. D'un geste rageur, il l'écrasa sur la table. Tout à coup, le maître tout-puissant de la Compagnie minière du Haut-Maniéma, seigneur de quelques-uns des champs miniers les plus riches de la planète, fit à Valmont l'effet d'un pitoyable vieillard.

– Savez-vous, Valmont, ce que dit le seul poème que nous ayons appris, Julius et moi, à l'orphelinat de Minsk ? « L'Histoire ne marche qu'à la chaudière des passions / D'où monte la fumée des illusions. »

Ce souvenir sembla le fouetter. Pour quelques instants, il redevint le patron. Un patron écumant de rage :

– Les Américains nous ont lâchés, Valmont ! A Washington, Johnson est au pouvoir. Un milliardaire texan ! Cul et chemise avec les propriétaires de la Manhattan World. Et ceux-ci sont persuadés qu'ils vont mettre la main sur les trésors du Maniéma. Les communistes nous attaquent et nous chassent ; les troupes américaines débarquent, chassent les communistes et remettent les mines à la Manhattan World. C'est ce qu'ils espèrent, ces salauds de Yankees ! Mais ils se trompent ! Une fois en possession de nos mines, les communistes ne partiront jamais ! La naïveté de ce Johnson me sidère ! Quant à ces trouillards d'Européens, ils chient dans leur froc dès qu'un quelconque démagogue noir, blanc ou jaune élève la voix aux Nations unies. Ils nous laisseront crever tranquillement plutôt que d'être soupçonnés d'impérialisme. Valmont, nous sommes foutus.

– Excellence !

– Écoutez ! vous entendez ?

C'était comme un roulement de pierres au loin.

– Ça, ce sont les 10. 5 des rebelles. Ils les ont trimballés nuit après nuit, à dos d'homme, en pièces détachées, depuis la frontière du Burundi, de Tanzanie, de plus loin peut-être. Ils ne craignent pas les sacrifices, eux.

– Excellence, personnellement…

– Non, Valmont, ce n'est pas vous que je vise. C'est notre prétendue armée nationale, notre gendarmerie qui sont en cause.

De nouveau ce roulement de pierres. Plus près déjà.

– Ils sont là tout autour de la cuvette, planqués dans leurs casemates. Nos Mirages peuvent les mitrailler autant qu'ils veulent, leurs canons continueront à nous tirer dessus. Dieu sait comment ils ont réussi à hisser ces foutus pétards sur les crêtes. Mais maintenant ils sont là, à moins de dix kilomètres de la ville. Il n'y a pas une colline qui ne crache le feu. Nous sommes cuits, mon vieux !

Valmont sentait la panique lui nouer les tripes

– Allez, allez ! Ne prenez pas cet air-là ! L'aéroport est encore ouvert. Cermier laisse filer les blessés et les étrangers. Et vous êtes belge, si je me souviens bien ?

Le président fixa son secrétaire d'un œil amusé.

– Je suis sûr que vous avez régulièrement fait renouveler votre passeport. Je me trompe ?

Valmont rougit.

– Excellence, ne croyez pas...

– Je ne crois rien. D'ailleurs, la prévoyance fait partie de vos qualités professionnelles Et puis maintenant, vous êtes mon seul ami. Alors, autant vous sauver.

Un sourire de gratitude illumina la figure terreuse de Valmont.

– Piteux ami, mais fidèle quand même !

Entre les deux hommes, le silence s'installa. Valmont était toujours debout devant son patron. C'était trop tard pour apprendre à s'asseoir.

Brusquement, la villa fut ébranlée.

– Bon, dépêchons-nous.

Kvarner se leva.

– Ce que je voulais vous dire, c'est ceci : vous êtes mon secrétaire depuis quatre ans...

– Quatre ans et trois mois, Excellence !

– Depuis plus de quatre ans, Valmont, vous me servez loyalement. Une petite escroquerie par-ci, par-là.

– Excellence !

– Si si, mais ça n'a plus d'importance. C'est la fonction qui veut ça. Je disais donc : vous m'avez servi avec loyauté, intelligence et tact. Valmont, je vous remercie. Et je vous mets à la porte.

– Comment pouvez-vous, Excellence ?

Sa voix larmoyante se fit hargneuse.

– Vous m'avez toujours pris pour un imbécile. Vous m'avez toujours méprisé. Mais je suis moins bête que vous ne le pensez ! Je connais beaucoup de choses. Sur la Compagnie. Sur vous-même.

– Parbleu ! Comme si je ne le savais pas ! Vous m'avez espionné en bon maître chanteur potentiel. Je l'ai appris de Ben Moussa. Votre petit manège le mettait personnellement en danger : il est mouillé dans nombre de mes affaires et ça ne lui plaisait pas du tout que vous soyez au courant. Vous me devez la vie, Valmont. Et je ne plaisante pas.

Je vous licencie, mais c'est un beau geste, croyez-moi ! Vous savez ce qui va se passer ? Ça ne va pas être joli. Je les ai vus à l'œuvre ces simba, et les autres aussi : des bandes de cinglés à moitié morts de faim, des macaques drogués, chantant leur *maïe-maïe*, drapés dans leurs peaux de léopard, les joues déchirées par le poignard des sorciers. Ils fonçaient, féticheurs en tête, sur nos mitrailleuses, tombaient, puis sur leurs jambes brisées, le ventre éclaté, se remettaient en marche et passaient quand même. Ils mettront la même détermination, la même sauvagerie à se venger. Et vous vous en sortirez à bon compte s'ils vous tirent une balle dans la tête du premier coup. Sinon, attendez-vous à être taillé en morceaux. Et ce n'est pas une figure de style !

– Partez avec moi, Excellence ! Ou alors, négociez !

– Négocier ? Vous avez perdu la tête ? Vous n'avez donc rien compris ! Négocier avec qui ? Avec les nègres du Maniéma ? Mais je les aurais eus en un tour de main. Ceux qui les manœuvrent, non. Une nouvelle race est née, Valmont. Depuis dix ans, le monde est en train de changer. Aux

Caraïbes, au Maghreb, en Asie, ici. Derrière ces pauvres loques au ventre creux, il y a les Santos, les Siniscaldi, les Guevara, les Mulélé, les Kim, les Soumialot, les Gbenye, les Gizenga, les Kasongo. Quand vous leur tendez une main fraternelle, ils la coupent.

Il se roula une nouvelle cigarette. Il ne tremblait plus.

– Ce sont des hommes inestimables. Au sens propre. Des types qu'on n'achète pas. Ce sont des monstres, mais des monstres intelligents et terriblement efficaces.

Valmont prit conscience qu'il entendait pour la dernière fois cet accent russe, rocailleux, ce débit haché.

– Depuis quatre ans, plus peut-être, ils sont là, au cœur de l'Afrique, dans la forêt et sur les volcans, dressant tribu contre tribu, féticheur contre féticheur, flattant l'un, tuant l'autre jusqu'à ce que des peuples entiers se mettent en marche. Un torrent d'hommes qui avance, court, déborde et engloutit les champs de mines du Maniéma.

Valmont cria presque :

– Partons !

– Pas moi. C'est absurde, mais je reste.

Il releva les yeux sur Valmont secoué de sanglots nerveux.

– Ne pleurez pas, nom de nom ! Vous allez vous sauver. Je veux un témoin qui, un jour, quelque part, racontera la dernière nuit d'Uvonia. Dans deux, trois mois, il n'y aura plus rien ici. Rien que quelques ruines, la forêt et le fleuve. Cette ville aura disparu comme elle était née : dans la misère, la haine et le sang.

Valmont le dégoûtait vaguement avec ses larmes de môme.

– Vous vous en tirerez. Tenez, prenez ça.

Il poussa à travers la table une liasse de dollars.

– Excellence...

Kvarner s'était levé.

– Monsieur Frédéric-Eusèbe Valmont, je vous remercie. Prenez cet argent. Et aussi cette capsule de cyanure. On ne sait jamais. Il ne ferait pas bon rater votre avion.

Valmont – pour la première fois – leva vers Kvarner un regard franc. Pour la première fois, il vit un homme, un être vulnérable, angoissé, faible comme lui. D'un geste brusque, il saisit sa main et la serra entre les siennes.

III

En pleine nuit, Kvarner quitta l'Ermitage. Délibérément, il se dirigea vers le delta, vers la paillote de Simon Kasongo qui n'était plus une énigme pour lui. Là où le contre-espionnage de Cermier, les services américains, le SDECE français, Ibrahim Ben Moussa et ses acolytes avaient échoué, un jeune agent du Mossad avait réussi : il avait percé l'identité de Simon Kasongo. Kvarner avait reçu son rapport la veille. L'insaisissable secrétaire général des mineurs, Thomas Lusangi, était un métis sino-africain, âgé de moins de trente ans, ancien élève des curés. Contremaître à Uvonia, surnommé le Bula Matari, il avait été approché par les Portugais, etc., etc. Le rapport avait laissé Kvarner indifférent. Kasongo avait un autre nom, sans plus. L'information lui était parvenue trop tard pour lui être utile personnellement. De toute manière, Cermier et les autres allaient recevoir le même rapport et en tirer tout le parti possible. Il s'apprêtait à le fourrer dans sa poche quand il avait lu le nom d'Isabel. Le type du Mossad signalait que l'ancienne maîtresse de Kvarner avait vécu dans le plus grand secret avec Kasongo avant de le quitter pour des raisons inconnues. En octobre, elle avait rejoint son ancien amant, grièvement blessé dans une embuscade. Ils étaient probablement retournés dans la paillote du delta qui avait « abrité leurs amours ». Cette pointe de sentimentalisme chez un agent de renseignement avait fait sourire Kvarner.

Isabel avait donc été la maîtresse de Kasongo. Il y voyait une sorte de vengeance personnelle contre lui, un choix délibéré où l'amour entrait pour peu de chose. Mais qu'Isabel ait rejoint Kasongo le troublait. On ne renoue pas, après des mois de séparation, sans amour.

Kvarner, en marchant vers le delta, voulait affronter directement et son ennemie et son rival ou plutôt ses deux ennemis, ceux qui incarnaient son désastre personnel. Et il supposait que le plus redoutable ne serait pas Kasongo, mais Isabel.

Tant qu'à mourir, que ce soit lucidement de la main d'un de ces deux-là, plutôt que sous les décombres ou égorgé par des soldats hébétés de fatigue ou, pire encore, terrassé par une nouvelle crise cardiaque. Au moins, il ne serait pas victime d'un destin aveugle. Sa mort aurait un visage. Elle serait moins absurde.

Au dernier barrage gouvernemental, juste avant que l'asphalte ne s'arrête et que le chemin ne s'engage sur la digue qui traverse le marais, un sous-officier noir, les yeux écarquillés d'étonnement, lui avait ouvert les barbelés. Il l'avait reconnu. L'idée de lui demander son laissez-passer ne l'avait même pas effleuré.

Kvarner marchait lentement sur la digue, à travers les marais. Il se demandait ce qui l'attendait au bord du delta. Il connaissait Isabel. Mais tout était possible. Ils avaient en commun deux enfants, mais même ça – surtout ça – le condamnait d'avance. Elle ne lui avait jamais pardonné d'avoir voulu reprendre Julius et Rachel par pur dépit. Elle aurait compris que ce fût par amour, mais elle connaissait trop bien son incommensurable désinvolture à l'égard de tous ses enfants, semés dans la plus grande indifférence. Kvarner s'interrogeait d'ailleurs sur ce désintérêt pour sa progéniture. Vieux complexe d'orphelin ? Certainement pas. Julius vouait une véritable adoration à ses enfants et petits-enfants. Et lui c'était l'inverse. Il s'en foutait. Que ses femmes aient des enfant était leur affaire, pas la sienne. Il était un amant, pas un père. Il les aimait tant qu'elles vivaient avec lui. Après, c'était fini. Il payait. Un point, c'est tout. Même maintenant, sur la digue, il n'avait aucun regret, aucun remords. Mais il savait combien cette insensibilité totale l'avait rendu haïssable, notamment aux yeux d'Isabel. Il n'en attendait aucune indulgence. Simplement, elle hésiterait peut-être à tuer elle-même le père de ses enfants. Kasongo n'aurait pas ce scrupule. Il l'imaginait féroce, impitoyable. Kvarner croyait connaître le genre d'hommes qu'aimait Isabel. Ce qu'il savait de son activité achevait le portrait qu'il s'en faisait : ordonner le déclenchement de la grève générale de quatre-vingt mille mineurs à Uvonia et dans la cuvette, alors que toute la zone était encore sous le contrôle de l'armée gouvernementale, que l'appareil répressif de la Sûreté était intact et que les lignes rebelles étaient à dix kilomètres du périmètre de défense, exigeait un sang-froid peu commun, une détermination exceptionnelle. Il éprouvait de l'admiration pour ce type. C'était pour ça qu'il voulait le voir. Voir son double en positif ou négatif, c'est selon. Un double, jeune, qui libérait ce qu'il avait asservi.

Depuis plusieurs minutes déjà, il marchait sur le sol souple du delta bordé de roseaux sans remarquer le brusque silence qui s'était fait autour de lui. Le tonnerre roulait toujours au loin, mais les oiseaux alentour s'étaient tus. Il n'y avait plus que les cris des mouettes dans le ciel et le bruit de ses pas. Au détour d'un canal, les rebelles sortirent brusquement des roseaux et se saisirent de lui.

Les guerriers le dévisagèrent silencieusement. Kvarner mentit sans conviction : « Je suis un ami du Bula Matari. J'ai un message pour lui. »

Les Noirs remirent leurs machettes dans leurs fourreaux en peau de singe, incrustés de plumes de perroquet. Le cortège se forma : les Baluba, en file indienne des deux côtés du sentier, le vieillard blanc, épuisé et sale, au milieu.

Ils marchèrent ce qui parut à Kvarner un siècle. Dans les villages qu'ils traversaient, les gosses, moins disciplinés que leurs aînés, l'insultaient. « *Chura, chura* », criaient-ils. Kvarner se souvint péniblement qu'en swahili ça signifiait « grenouille ». Sa mémoire se diluait. Des milliers de fois, il avait survolé cette région en hélicoptère, parcouru en Jeep ces sentiers, traversé en hors-bord le labyrinthe compliqué de ces canaux. Aujourd'hui, il ne savait plus où il était. La pluie s'était mise à tomber. Son visage, hier encore résolu et dur, se décomposa un peu plus. Il se sentait défait, passif, impuissant. Il titubait, ivre de fatigue, au milieu de son escorte de plus en plus nombreuse. Ils traversèrent encore des villages. A leurs abords, la boue se mêlait aux excréments humains. Dans l'un d'eux, les femmes allumèrent des cierges. Elles voyaient passer la mort et la célébraient à leur façon. Vaguement ému par cet hommage insolite, Kvarner redressa la tête. C'est alors qu'il vit, planté devant lui, le drapeau vert et jaune des rebelles. Autour d'une table, une foule d'hommes, d'enfants et de femmes formait un demi-cercle. Plusieurs adolescents portaient la vareuse et les pantalons vert olive de l'armée rebelle, dont les épaulettes arboraient l'étoile noire de la brigade du Maniéma.

Devant le drapeau étaient assis un Tutsi filiforme et un homme jeune au visage douloureux. A son teint cuivré, ses pommettes hautes, ses cheveux raides, Kvarner reconnut Kasongo. Son revolver était posé devant lui sur la table. Derrière eux, debout, vêtue d'une robe rouge, impassible sous la bruine qui continuait à tomber, se tenait Isabel. Kvarner eut un sourire timide. Dans son regard vert, il vit du dégoût et se sentit misérable. La foule attendait silencieuse et tendue.

Il se redressa et se présenta.

– Je suis Kvarner, Stanislas Antony Kvarner, président-directeur général de la Compagnie minière du Haut-Maniéma, balbutia-t-il.

Il se rendit compte de son ridicule. Il venait d'énoncer une impossible évidence. Il se voyait dans sa veste en loques, les jambes couvertes d'ecchymoses sanglantes et de mouches, ses cheveux blancs graisseux plaqués de poussière ocre, sa prétentieuse rose réduite à un petit tas marronnasse à sa boutonnière.

Il eut honte. Il n'attendait qu'une chose : qu'on le tue, là, sur place. Qu'on en finisse. Il n'avait plus conscience que du ciel sombre, des nuages blancs dont l'ombre mouvante jouait sur le sol.

Thomas regardait le prisonnier, sans un mot, sans un geste. Au bout d'un long moment, Kvarner entendit pour la première fois sa voix. Une voix profonde et sourde.

« Emmenez-le ! Traitez-le bien. C'est un vieil homme. »

Kvarner se tassa, submergé par un mélange de soulagement et d'humiliation. Le métis se leva, reprit son revolver sur la table et d'un pas lent, sans se retourner, s'éloigna en boitant, soutenu par Isabel et le Tutsi.

HUITIÈME PARTIE

I

Cermier, coupé des faubourgs, du delta et du fleuve depuis l'insurrection des mineurs, se replia sur les quartiers résidentiels européens, le centre commercial et administratif et le quartier ismaélien après avoir fait miner toutes les principales avenues et carrefours menant au centre et piéger la plupart des villas abandonnées par les ingénieurs français, les commerçants grecs, italiens et arabes.

Restait aux mercenaires à transformer en forteresses les bâtiments alentour. Des canons de 15 mm, des obusiers Markham et des canons antiaériens Oerlikon à tir rapide défendaient la grande poste, la gare et l'hôtel Paquidas.

Simon Kasongo, incapable de se déplacer, dirigeait le front sud depuis son quartier général à l'embouchure de l'Alila. Un équipement radio rudimentaire lui permettait de faire la liaison avec Hatima qui commandait la brigade des mineurs. Ils avançaient en file indienne sur le chemin du delta, avec pour seul armement des mortiers de 30 mm, des mitrailleuses, des Kalachnikov et quelques mitraillettes Uzi, prises à l'ennemi lors de la bataille de Goma.

En ville, les mineurs se battaient avec une audace presque suicidaire. Au bout de l'avenue de l'Équateur, une colonne de blindés gouvernementaux fut stoppée par une dizaine d'adolescents. Jaillissant des ruines de la pizzeria Roma, ils grimpèrent sur le blindé de tête, ouvrirent la tourelle et y jetèrent leurs grenades avant de rabattre le couvercle. Ils avaient déjà disparu quand l'explosion pulvérisa l'équipage. Il fallut des heures aux soldats pour évacuer le char et débloquer la colonne.

D'autres combattants sautaient du balcon des immeubles avec des draps imbibés d'essence sur les Jeep ou command-cars des mercenaires. D'un coup de briquet, ils allumaient l'essence, grillant le conducteur et ses passagers. Ailleurs, on se battait au corps-à-corps.

Retranchés dans des bunkers de l'avenue de Russie et dans des villas alentour, les mercenaires et les Flèches noires tiraient sans discontinuer sur les mineurs des hostels, moins aguerris que leurs camarades de la brigade. Dès qu'ils approchaient suffisamment, ils les arrosaient aux lance-flammes. Torse nu, vêtus de leur seul short, ils mettaient longtemps à mourir. En pure perte : Hatima, faute d'armes lourdes, ne pouvait briser les murs des bunkers. A la fin de l'après-midi du premier jour des combats, la brigade restait bloquée à la lisière ouest des quartiers résidentiels.

La situation était meilleure à l'est du périmètre de défense gouvernemental. Sortant de leurs positions des faubourgs et du fond de la cuvette, les Azande de l'Armée du Nord progressaient rapidement. Les soldats gouvernementaux et les gendarmes jetèrent leurs fusils dès que les canons ouvrirent le feu sur leurs tranchées. Suivis de dizaines de camions remplis de rebelles, les chars de Santos atteignirent la ceinture de défense du centre-ville vers midi. Ils ne furent arrêtés que devant l'hôtel Paquidas par un tir nourri. Alors qu'il s'apprêtait à répliquer, Santos vit s'agiter un drapeau blanc qui n'était qu'une serviette de bain accrochée à un balai. S'y cramponnant comme à un étendard, un sous-officier européen avançait entre deux soldats gouvernementaux. Arrivés à la hauteur du portail, une rafale de mitrailleuse les faucha. Après un moment de stupeur, Santos comprit qu'ils avaient été tués dans le dos : Cermier avait abattu ses propres émissaires. Immédiatement, Santos fit donner les 10.5 en tir direct. Couverts par leur feu, Kim et ses commandos progressèrent sur le ventre jusqu'aux agonisants, à quelque vingt mètres des lignes rebelles. Ils les dégagèrent des barbelés et les ramenèrent vers leurs lignes. A l'arrivée, les trois hommes étaient morts. Le sous-officier, un gros homme au ventre débordant de son short kaki retenu par des bretelles vert pomme, avait sur lui des papiers au nom de Branco Jusbasicz, né à Zagreb. Santos ordonna qu'on le transportât sur la place de la cathédrale pour être exposé à la foule.

Au milieu de l'après-midi, l'hôtel Paquidas tomba. Cermier et sa garde personnelle n'y étaient plus. On signala leur présence moins d'une heure plus tard, à l'intérieur de la grande poste. Comprenant qu'ils s'étaient échappés par les égouts, Santos fit systématiquement détruire les canalisations dès qu'un immeuble était pris.

Personne ne se serait occupé du siège de la Compagnie minière du Haut-Maniéma n'eût été son caractère symbolique. Le bâtiment de verre, vulnérable, n'offrait aucune protection aux défenseurs, donc aucun risque pour les attaquants. Kim fut surpris que des mercenaires français, probablement saisis de panique, y aient cherché refuge. Avec ses commandos azande, il attaquait à la grenade quand une balle l'atteignit au cou. Il tomba. Les Azande, frappés de stupeur, s'arrêtèrent net. Pour eux, Kim était invulnérable. Maintenant qu'il gisait au milieu de la place, aucun de ses compagnons n'osait l'approcher, craignant d'être contaminé par la malédiction qui venait de terrasser leur chef. Kim se vida doucement de son sang sous les yeux de ses hommes pétrifiés.

II

Uvonia capitula le lendemain, le 27 octobre 1964.

Sur la caserne fortifiée, abritant le quartier général de l'armée gouvernementale et de la gendarmerie, un drapeau blanc apparut vers quatorze heures. Accompagné d'une forte escorte de combattants azande, Santos s'y rendit. Dans la salle des opérations, les généraux Célestin Bomboko et Bonaventure Idi, le gouverneur Wazungu et une poignée de gradés africains gisaient ivres morts au milieu de dizaines de bouteilles de champagne vides. Un garde remit sur pied Bomboko. Santos lui tendit l'acte de reddition de la ville. Soutenu sous les aisselles, d'une main incertaine, les yeux vitreux, le commandant de la garnison signa avant de s'écrouler.

Avertis par haut-parleurs, les mercenaires refusèrent de se rendre, luttant jusqu'au bout. Plusieurs, au moment de l'assaut final, se tirèrent une balle dans la bouche. D'autres, pliés en deux, firent exploser contre leur ventre leur dernière grenade.

Au centre-ville et dans le quartier ismaélien, les combats ne cessèrent que vers seize heures.

L'ordre du haut commandement rebelle, diffusé pour la première fois après la bataille de Niangala, était toujours en vigueur : tout Blanc pris les armes à la main devait être exécuté sans jugement sur le lieu même de son arrestation. De son propre chef, Santos étendit l'ordre aux Asiatiques, aux

Arabes et aux métis. C'est ainsi qu'Ibrahim Ben Moussa, « le Boiteux » et une dizaine de geôliers mulâtres furent fusillés au pied de l'escalier d'apparat de la villa Sans Souci.

De toutes ses batailles passées et notamment de celle de Goma, Santos avait tiré une leçon : chaque victoire ressemble au cyclone qui, en son cœur, véhicule le silence. Ou plus exactement offre un court répit de paix intense. A cette sorte de stupeur succèdent, surtout en Afrique, l'explosion incontrôlée de la joie, le pillage, l'anarchie. La violence des populations s'exerce d'abord sur les cadres blancs et leurs familles piégés par la fermeture de l'aéroport, sur les polices parallèles, puis sur les Arabes, les Asiatiques et les spéculateurs mauritaniens. Ensuite, sournoisement, faute d'exutoires, la haine se fractionne en autant de conflits fratricides. Le poison de vieilles rivalités ethniques s'infiltre partout. On s'en prend à la case d'à côté, à celui qui n'appartient pas au même peuple, ne porte pas les mêmes scarifications. On tue son voisin, sa femme, ses enfants. Le danger était d'autant plus menaçant que, depuis trente ans, Uvonia était une véritable Babylone de peuples. Recrutés par les mines, les ouvriers appartenaient à pratiquement toutes les ethnies d'Afrique centrale et orientale. La prospérité de la ville avait accentué le brassage, attirant d'autres tribus qui, naguère, nourrissaient entre elles des haines féroces. Hier, Uvonia était une chaudière fonctionnant à petit régime. La surchauffe de la bataille allait la faire exploser. Il fallait refroidir la machine.

Profitant du très bref sursis de la victoire, Santos dépêcha sans tarder des commissaires politiques dans chacun des quartiers libérés, dans chaque faubourg, sur chaque terrain vague où se trouvaient des réfugiés. Ils annoncèrent l'expropriation des immeubles et des parcelles urbaines, la distribution de vivres stockés dans les arrière-boutiques des commerçants en fuite, la libération des prisonniers de droit commun, le versement d'une prime exceptionnelle aux fonctionnaires qui regagneraient immédiatement leur poste et surtout l'abolition de la « taxe de tête » levée par les colonisateurs sur tout Africain de plus de quatorze ans afin d'obliger une population vivant en économie de subsistance de passer à l'économie monétaire. Pour l'acquitter, les Noirs n'avaient d'autre choix que de descendre dans les mines ou de s'engager sur les plantations.

Le drapeau vert et jaune du Front de libération fut hissé sur tous les édifices publics encore debout. Dans chaque quartier, des assemblées populaires élirent de nouveaux responsables. Les anciens bourgmestres, les spéculateurs, les notables traditionnels qui avaient collaboré avec l'ennemi furent arrêtés et transférés sur-le-champ devant les tribunaux populaires. Ces mesures firent leur effet. Le calme succéda au calme. C'est alors que Santos apprit la mort de Kim.

III

Enveloppé dans le drapeau vert et jaune, le cadavre de Kim reposait sur une civière déposée dans les ruines de l'hôtel Paquidas, veillé par la foule silencieuse. La pleine lune jouait dans les acacias, les eucalyptus et les manguiers. La pluie se remit à tomber, plaquant la poussière rouge sur l'asphalte labouré par les éclats d'obus et les chenilles des chars.

Santos était hagard. Les Azande s'écartaient de lui, horrifiés par son chagrin. Depuis l'annonce de la mort du Chinois, malgré l'urgence des décisions à prendre et des ordres à donner, Santos n'avait adressé la parole à personne.

Entouré de ces visages graves et tristes, debout devant la civière, il se rendit compte brusquement combien Kim lui manquait. Il éprouvait comme une défaite personnelle et un désastre affreux cette fin absurde devant l'immeuble de la Compagnie où, paralysés par leurs superstitions imbéciles, les Azande l'avaient laissé mourir. Kim était mort. Pour la première fois de sa vie, Malcolm Santos s'avoua sa douleur, son désespoir face à ce manque, ce vide. Depuis que Kim était à ses côtés, il ne connaissait plus la solitude. L'enthousiasme, la joie de vivre, la foi débordante du jeune homme avaient chassé ses doutes. Kim était le seul ami qu'il ait jamais eu. A chaque fois que la dépression le submergeait, il savait l'arracher au naufrage total. Comme réveillé par la disparition de Kim, Santos comprit ce que tout le monde savait et qu'il n'avait jamais éprouvé personnellement : l'injustice de la mort, l'absurdité de la vie, le bonheur toujours refusé et l'espérance avortée.

Vers cinq heures du matin, aux premières lueurs du jour, Santos fut arraché à son hébétude par un spectacle surréaliste : muni de deux arrosoirs métalliques débordants, un grand Muluba aux tempes finement scarifiées s'avançait à travers les massifs du petit jardin de la cour intérieure de l'hôtel. Avec des gestes cérémonieux, hérités de ses anciens maîtres belges, il arrosait les fleurs. Santos décida que là, dans ce petit jardin miraculeusement intact, serait enterré Kim.

NEUVIÈME PARTIE

I

Malcolm Santos avait établi son quartier général dans la suite de sécurité de l'Ermitage. Les Flèches noires et les mercenaires occupant encore des poches de résistance d'où ils pouvaient organiser des commandos suicide, les Azande avaient établi une protection sévère autour de Santos.

L'Antillais avait suspendu son hamac dans la bibliothèque et disposé ses quelques affaires personnelles sur la grande table recouverte de drap vert. Les installations sanitaires de l'Ermitage fonctionnant encore, pour la première fois depuis plusieurs jours il put se laver à l'eau chaude et raser la broussaille crasseuse de sa barbe. Ça le consolait un peu d'avoir trouvé le coffre-fort grand ouvert et vide. Et Kvarner envolé. Le contraire l'eût étonné.

Des grandes baies, il contemplait en fumant son havane la vue panoramique sur la piscine et le parc défoncés par les obus quand il vit apparaître Kagamé. Derrière le sorcier aveugle avançait toute une délégation de simba. Ils étaient vêtus de leurs boubous blancs, symboles de deuil chez les peuples du Maniéma central. Sa garde les introduisit. Debout devant l'immense bureau, ils semblaient désemparés.

Son corps massif calé dans son fauteuil, les bras étalés sur les accoudoirs, ses pieds nus reposant sur un tabouret, suant à grosses gouttes, Santos ne se leva pas pour les accueillir.

– Que se passe-t-il, Kagamé ?

L'aveugle imprima un mouvement impérieux à son bâton.

– Nous voulons te parler seul.

Le commandant en chef congédia les Azande qui, à regret, prirent position sur la terrasse.

– Ils sont partis. Asseyez-vous.

– Non, toi, lève-toi.

Santos savait que selon le code des hommes du Sud, on ne parle assis qu'à ses amis. Les choses avaient l'avantage d'être claires. Ce qui l'était moins, c'est la raison de cette visite alors que Kagamé n'avait jamais caché son antipathie, d'ailleurs réciproque, surtout depuis la conférence de Goma. On allait bien voir.

Il s'extirpa péniblement de son siège.

– Que puis-je pour vous ?

– Le Bula Matari nous a quittés.

– Où est-il allé ?

– Nulle part, il est toujours là.

– Tu te fous de moi ?

– Non, son corps est là, mais son esprit nous a quittés. Il n'est plus avec nous.

– Qu'est-ce que ça veut dire ?

– Il refuse d'exécuter Kvarner.

– Hein ? Kvarner est chez vous ?

– Oui.

– Au delta ? Vous êtes sûrs ? Nous l'avons cherché nuit et jour, fouillé tous les abris, retourné des centaines de cadavres.

– Une de nos patrouilles l'a trouvé sur un sentier du delta.

– Qu'allait-il faire au delta ?

– Je ne sais pas.

– Combien vous a-t-il offert ?

– ...

– Combien vous a-t-il offert pour que vous l'épargniez ?

– Rien, il ne nous a rien offert, rien demandé. Il ne parle pas. Nous l'avons simplement arrêté.

– Mais Kasongo va le juger ?

– Non. Il ne veut pas être juge. Il dit qu'il y a assez de sang versé. Que la révolution est généreuse. Que, victorieuse, elle doit pardonner.

– Voyez-vous ça !

Les simba restaient figés.

Kasongo avait essayé de leur expliquer sa décision, des heures durant. Il leur avait dit : « La vengeance la plus forte est le pardon. Nous avons gagné pour retrouver notre dignité d'homme. C'est le moment de l'exercer. » Ils l'avaient écouté en silence. Kagamé n'avait rien dit. Hatima n'avait rien dit. Mais les simba avaient secoué la tête, incrédules, désorientés. Seuls les plus jeunes d'entre eux avaient osé protester, exigeant une exécution immédiate – pour l'exemple – du président. Patiemment, Thomas avait repris ses explications. L'un après l'autre, il avait appelé auprès de lui les jeunes mineurs qui de ses mains avaient reçu le dawa. Il avait répondu à chacune de leurs questions, réfuté chacune de leurs objections. Les simba ressortaient abattus. Le Bula Matari bafouait toutes les lois de la guerre et de la paix. Mais c'était leur chef. Il n'y avait qu'un autre chef pour trancher. Malgré leur répugnance, ils étaient venus voir Santos.

– Vous ne comprenez donc pas, bande d'abrutis ? Votre Bula Matari et Kvarner, c'est du pareil au même ! Ils s'arrangent entre eux, comme des grands. Je ne sais ce que Kvarner lui offre, mais il doit bien payer. Il sait ce que vaut la peau d'un Blanc. Assez pour que Kasongo bafoue la loi des Noirs.

Personne ne bronchait.

– Combien d'hommes avez-vous perdus depuis deux ans ? Cinq mille, dix mille ? Mais Kvarner vit encore.

Et vos femmes ? Tu te souviens, Kagamé, de la fille enceinte de Shabunda ? Les mercenaires s'interrogeaient. Fille ou garçon ? D'un coup de koukri, Branco lui a ouvert le ventre. C'était un garçon. Branco avait gagné. Cette femme est morte, son enfant est mort. Mais Kvarner est vivant.

Et quand Cermier, soûl comme un puits, exigeait qu'on nous blanchisse, nous les Noirs, tu sais ce qu'il demandait ?

Qu'à coups de poignard les mercenaires les dépècent pour qu'apparaissent, blancs comme neige, leurs os brisés. Mais Kvarner vit encore. Kasongo le protège.

Il voyait bien que sa litanie impressionnait les simba. Mais elle ne les atteignait pas en profondeur. Il y avait autre chose. Il se souvenait d'avoir vu les mêmes têtes abasourdies autour de Kim.

– Nous n'avons plus de Bula Matari.

– Mais vous n'en avez jamais eu, bande d'imbéciles ! Simon Kasongo est un imposteur !

Kagamé se cabra sous l'outrage.

– Il a organisé le syndicat. Il a créé la brigade. Il nous a rendu notre dignité. Il nous a donné des armes pour lutter. Il s'est battu. Il a été blessé.

– Mais il s'en est tiré ! Dans cette embuscade de Luagungu, la radio gouvernementale avait annoncé sa capture. Et puis il revient. Avouez que c'est étrange !

– Non.

– Les Flèches noires l'ont délibérément laissé filer.

– Non.

– Qu'en sais-tu, toi ?

Un des simba se détacha du groupe.

– J'y étais.

Au regard qu'il lui jeta, Santos comprit qu'il était allé trop loin.

– Écoutez. Depuis Goma, Kasongo protège Kvarner. Il a refusé de dynamiter les galeries, les ascenseurs et les tours. Il ne voulait pas qu'on touche aux biens de la Compagnie.

– Il ne voulait pas qu'on touche aux bien des mineurs.

Santos entendit le reproche. Il faisait fausse route.

– Bon. Prenons les choses autrement. Cette femme qui vit avec lui...

– Isabel.

– Isabel, c'est ça. C'était la maîtresse de Kvarner ?

– Oui.

– Et vous savez ce que ça signifie ? Je m'en suis toujours douté. Ça signifie que Kvarner l'a envoyée pour espionner Kasongo, pour espionner le syndicat. Et elle y est arrivée. Comment expliquez-vous sinon qu'il y ait eu tant d'arrestations à Uvonia ? Qui, sinon cette femme, a donné les noms ?

Kagamé ne répondit pas, le visage fermé. Les simba étaient impassibles.

– Mais enfin, vous êtes incroyables ! Elle quitte un type richissime, père de ses deux enfants, pour un mineur sans le sou et ça vous paraît normal !

– Oui.

Face à lui, pour la première fois, les simba souriaient.

– Kvarner était vieux. Kasongo est beau.

La foi de Kagamé et des simba exaspérait Santos. Il mourait d'envie de leur démontrer combien son histoire était plausible. Il n'y croyait pas un seul instant, mais elle était plausible.

Il se rassit. Les autres ne bougeaient pas. Kagamé fit un pas en avant.

– Que faut-il faire de Kvarner ?

Santos rit.

– Kvarner ? Mais il faut qu'il reste au delta. Et que personne ne s'avise d'y toucher. Allez, j'ai à faire.

Le visage de Kagamé s'éclaira. Il fit demi-tour et sortit, suivi de son escorte de guerriers en boubous blancs.

II

En revenant sur le chemin du delta, Kagamé avait parlé aux simba, plus déconcertés que jamais. Pour lui, les choses étaient claires : Kasongo avait mal expliqué pourquoi il fallait garder Kvarner vivant, mais lui et Santos avaient leurs raisons. En tout cas, ils étaient d'accord à propos de Kvarner : il fallait le protéger. Le Bula Matari n'était pas fou. Il était maladroit.

Les simba ne comprenaient toujours pas l'attitude de Kasongo. Ils jurèrent de ne pas évoquer leur visite à Santos : il serait mortifié qu'on ait douté de lui. Mais Kagamé parla à Isabel. Il avait parfaitement perçu la haine de Santos pour Kasongo. Ce n'était pas nouveau pour lui. Il se souvenait de la froideur de Santos dans les camps de la montagne, de l'affrontement de Goma. Aujourd'hui, il y avait plus. Quelque chose de dangereux. Santos n'arriverait jamais à convaincre quiconque de la trahison de Kasongo. Mais il pourrait insinuer qu'il s'était fait manipuler par Isabel. Il était le seul à l'avoir connue au delta. Il ne nourrissait aucun sentiment à son égard. Une seule chose importait à ses yeux : c'était la femme de Kasongo. Il ne la respectait pas parce qu'elle avait milité au syndicat, mais parce qu'elle était la femme de Kasongo.

Désormais, Isabel représentait un danger. A ce titre, il pourrait la faire disparaître. Mais c'était impensable. Personne ne voudrait s'en charger. Elle était vénérée au camp comme épouse du chef, mais aussi parce qu'elle soignait les blessés. Depuis, les hommes souffraient moins et mouraient moins. Lui, Kagamé, pouvait l'empoisonner, mais ce serait inutile : elle morte, Kasongo, déjà affaibli, sombrerait. Y survivrait-il que Santos trouverait un autre moyen pour le perdre.

Kagamé ne voyait aucune solution. Parler lui-même à Kasongo reviendrait à avouer qu'il avait vu Santos. Il ne pouvait pas s'y résigner. Et puis Kasongo ne voudrait jamais croire à ce piège. Il connaissait l'hostilité de Santos mais l'estimait loyal. La seule alternative était d'avertir Isabel.

Elle avait curieusement réagi. Son regard avait flambé de rage, puis elle avait réfléchi. Visiblement, elle avait peur. Il l'entendait marmonner : « Il va nous tuer. Il va le tuer. » Au bout d'un moment, il avait senti ses deux mains se poser sur ses épaules, son souffle sur son visage.

– Il faut tuer Kvarner, Kagamé.

– On ne peut pas. Kasongo ne veut pas. Santos ne veut pas. On ne peut pas.

– Kagamé, il le faut.

– On ne peut pas.

– Alors, j'en parlerai à Kasongo.

– Ne lui dis pas que j'ai vu Santos. Il croirait qu'on n'a plus confiance en lui.

DIXIÈME PARTIE

I

Réveillé en sursaut par un cauchemar ou la douleur, il ne savait pas démêler l'un de l'autre, Thomas écouta la respiration légère d'Isabel, les craquements de la paillote. Il sut qu'il ne pourrait se rendormir, qu'il allait à nouveau être assailli par les images de la prise de Goma. Depuis ce jour, il s'était rendu à l'évidence : il n'était plus un combattant mais un assassin ; il ne commandait plus une armée mais une bande de tueurs ; il ne menait plus une guerre juste et légitime mais des expéditions punitives. Il se voyait comme un ange exterminateur. Pire, comme un boucher. Sa vie n'était qu'un gigantesque mensonge.

En dehors des batailles, des attaques ponctuelles où chacun savait que la discipline restait le meilleur garant du succès, de la survie, son autorité se désagrégeait. La victoire arrachée, le surplus d'énergie, le soulagement, la joie explosaient en fureur meurtrière. Thomas ne contrôlait plus qu'une poignée de fidèles. Au-delà de cette sphère, de ce halo dérisoires, il n'avait désormais plus d'influence. Repris par les vieilles haines ethniques, oubliant qu'ils s'étaient alliés, ses hommes assouvissaient des vengeances ancestrales. Comme s'ils n'avaient anéanti les Blancs que pour mieux s'étriper entre Noirs, démantelé l'empire européen que pour instaurer l'anarchie africaine, regroupé leurs forces que pour mieux se fractionner en autant de tribus, de clans, de castes, ruinant toute idée de nation future. De cet échec, Thomas se sentait responsable.

Il voulut faire un tour sur le ponton, mais sa jambe lui faisait trop mal. Le vent se leva sur les marais. Il l'écouta jouer dans les roseaux. Bercé par le bruissement des feuilles, le bruit frais du clapotement, il s'assoupit. En se retournant dans son sommeil, Isabel le réveilla. Il alluma la bougie et la regarda dormir, la tête légèrement inclinée sur l'épaule, auréolée de ses cheveux, ses cils dessinant une ombre douce sur ses joues, la bouche entrouverte. Une brusque saute de vent souffla la flamme. Mais il voyait encore son cou, ses seins, son petit ventre bombé, ses longues cuisses. Il se rejeta sur l'oreiller, le visage crispé d'angoisse. Isabel perdue. Isabel retrouvée. Il sentait qu'il allait la perdre à nouveau. Elle le pressait depuis la veille pour qu'on en finisse avec Kvarner. En finir, ça voulait dire pour elle le tuer. Et ça, il ne voulait pas, encore moins que le reste. Tuer à froid un vieillard à bout de forces, jamais.

L'attitude d'Isabel le laissait perplexe. Quand on avait amené Kvarner devant eux, dépenaillé, crasseux, hirsute, épuisé, elle n'avait rien dit. Ni pendant ni après. Comme si Kvarner n'existait pas. Mais, depuis la veille, elle le harcelait. Avec une maladresse presque touchante, elle avait même essayé d'exciter sa jalousie, comme si, surtout maintenant, Kvarner pouvait être un rival. Il avait ri.

La veille au soir, elle avait encore insisté, lui rappelant les atrocités dont Kvarner était directement ou indirectement responsable. Il savait tout cela. Ce qu'il ne savait pas, c'est pourquoi Kvarner était venu. Car on ne l'avait pas vraiment capturé. Il était venu, délibérément, au-devant de lui, au-devant de sa mort probable.

Kvarner était trop bien informé pour ignorer qu'Uvonia était perdue, et pourtant il était rentré de New York. Kvarner était trop influent pour rester bloqué à l'aéroport, même dans une ville à feu et à sang, et pourtant il n'avait pas cherché à fuir.

Le moteur de Kvarner n'était pas l'argent, comme il l'avait

cru. Des fortunes fructifiaient probablement dans toutes les banques occidentales, lui permettant de vivre comme un prince jusqu'au jugement dernier. Il se moquait de l'argent, il narguait la mort. Que cherchait-il donc en venant se jeter dans la gueule du loup ? Peut-être tout simplement à mourir là où il avait vécu. Oui, ce devait être ça.

Sentant l'aube venir, Thomas se leva péniblement et sortit pour assister à la naissance du jour. C'était le mois d'octobre, le début de la saison chaude et humide. Les oiseaux migrateurs étaient de retour. Il ne distinguait que les flamants roses, sentinelles dressées sur une patte, leur long cou caché sous l'aile, et les martins-pêcheurs sur les euphorbes, attendant de fondre sur leur proie. Il entendait les canards sauvages remuer dans leur sommeil entre les papyrus qui perçaient l'eau brunâtre de l'étang. Plus tard, il vit passer un vol d'oies du Nil, puis ce fut le chant des fauvettes grises. Tout un monde de pélicans, de crabiers, de busards, de cormorans s'éveillait, lui faisait oublier la fatigue de l'insomnie, la douleur.

– Déjà levé ?

Isabel, debout derrière lui, l'enlaçait, le menton appuyé sur son épaule, encore ensommeillée.

– Que c'est beau !

Il sentait ses seins contre son dos.

– Oui, c'est beau.

– Tu as vu le rossignol philomèle ? Là… non là.

Elle le montrait du doigt, accentuant la pression de son corps sur le sien. Il se retourna, la prit dans ses bras et l'entraîna vers le lit. En faisant l'amour, Isabel ne savait pas s'il gémissait de plaisir ou de douleur. Elle lui releva la tête entre les deux mains. Il souriait.

Plus tard, il l'entendit préparer le thé sur le petit brasero. Il avait enfin sommeil, mais c'était trop tard.

– Thomas, que vas-tu faire de Kvarner ?

– Isabel, ne recommence pas. Pas ce matin. Pas tout de suite.

Il avait soudain l'impression qu'elle n'avait fait l'amour avec lui que pour lui arracher une décision.

– Si, tout de suite, Thomas. Il faut le tuer.

– Non. Fini le massacre. Fini l'assassinat en gros ou au détail. A Goma, Santos avait ordonné d'exécuter tous les Blancs pris les armes à la main et de retenir en otages les civils des zones libérées. Sais-tu ce que cela signifiait, « exécuter » ? Personne parmi nous ne voulait gaspiller ses balles. On y allait à la machette. Quant aux otages, on les poussait devant nous dans les champs de mines. Ils étaient projetés en l'air par l'explosion des Claymore. Sur leurs corps mourants, nous passions à l'attaque. C'est fini, Isabel. Nous avons gagné. Nous pouvons enfin nous permettre de redevenir des hommes. Terminés les jugements et les exécutions sommaires. Kvarner s'est constitué prisonnier...

– Ce n'est pas vrai. Une patrouille l'a capturé.

– A l'Ermitage peut-être ? A l'aéroport ? Non, sur le sentier du delta. Ce n'est pas une bête que nous avons traquée. C'est un homme. Un citoyen. Et une République libre se doit de respecter les droits des citoyens, qu'ils soient noirs, blancs, métis. Kvarner est un citoyen comme un autre. Il a le droit de se défendre comme n'importe quel citoyen. C'est à un tribunal régulier, au terme d'un procès régulier, de le juger.

– Et de l'exécuter ! Alors qu'est-ce que ça change, aujourd'hui ou demain, ici ou ailleurs ?

– Ça change que ce ne sera plus un meurtre. Mais enfin, Isabel, qu'est-ce que tu veux ? Te venger ?

– Pourquoi pas ? Il m'a persécutée après notre rupture. Il a voulu reprendre les enfants.

– Isabel, je ne connais pas grand-chose aux enfants, mais il y a gros à parier qu'ils comprendraient mal que leur mère ait fait assassiner leur père. As-tu réfléchi à cela ?

– Oui. Enfin non. Tais-toi. Il n'y a pas que cela.

– Quoi encore ?

– Mais tu sembles oublier que, moi aussi, j'ai milité ; moi

aussi, j'ai risqué ma peau. Et tu sais ce qui m'attendait si j'avais été prise en transportant des armes ? Le Turc. Et qui donnait les ordres au Turc ? Kvarner.

– Je sais.

– Et même à New York durant la répression de septembre, il passait ses ordres chaque jour à Uvonia. Cermier et Ben Moussa lui envoyaient des listes par télex. Kvarner faisait son choix.

– Eh bien, justement, Kvarner n'aurait jamais permis qu'on te torture.

– Tu en étais moins sûr, juste avant que nous nous quittions. C'est pour ça que nous nous sommes quittés. Tu ne voulais pas que je risque ma vie. Tu ne te rappelles donc plus ?

– J'avais peur du Turc, du Boiteux et de l'autre névropathe. Mais pas de Kvarner.

– Tu le connais bien mal.

– Écoute, Isabel, aurais-tu toutes les raisons de te venger que je ne serais pas l'exécuteur. Goma m'a servi de leçon. Nous nous sommes comportés comme des sauvages, comme des cinglés, nous étions des machines à tuer. Tant que j'aurai une parcelle de pouvoir, on ne tuera plus personne sous mes ordres. Et surtout pas Kvarner. Kvarner en vie, c'est prouver à tous qu'on peut épargner un prisonnier. Ce que je n'ai pas su expliquer avant Goma, je peux le montrer ici par l'exemple. Il n'y aura plus jamais d'aussi bon exemple que Kvarner. Isabel, c'est ma conscience. C'est mon affaire, pas la tienne.

– C'est mon affaire aussi. Kvarner, je m'en fous. Qu'il vive ou meure, je m'en fous. Je ne cherche pas à me venger de Kvarner. Je veux te sauver. Je ne t'ai pas tout dit. Tu ne veux plus tuer, d'accord. Tu veux pardonner, d'accord. Kvarner est pour toi un symbole, d'accord. Mais ça n'est pas un exemple et un symbole que pour toi. Personne ne comprend ici que tu veuilles l'épargner. Ni les simba, ni même Kagamé. Mais ce n'est rien. Ici, les gens t'aiment et te respectent. Éventerais-tu Kvarner avec une plume d'autruche qu'ils trouveraient que tu fais bien. Seulement, il y a Santos. Et depuis hier, je sais que Santos t'accuse de compromission avec les Blancs. Il te soupçonne d'épargner Kvarner pour manœuvrer. Depuis la conférence de Goma, Santos te hait. Il veut ta peau et Kvarner est le prétexte. Si tu ne juges pas Kvarner, si tu ne le condamnes pas, si tu ne l'exécutes pas, c'est toi qui seras jugé, condamné et exécuté.

– Tu délires. C'est toi...

– Moi, je ne pense qu'à toi. Je n'aime que toi. Santos ne pense qu'à la révolution. A « sa » révolution. Il aime le pouvoir, mais surtout il veut l'exercer à « sa » manière, une manière radicale. Et tu l'en empêches.

– Je sais, et j'y tiens.

– Thomas, assez. Ne tue pas Kvarner. Mais alors partons. Foutons le camp. N'importe où.

– Mais tu plaisantes !

– Non, je ne plaisante pas. Mais enfin, ouvre les yeux : Santos veut ta peau ! Quel meilleur moyen de se débarrasser de toi sinon de t'accuser d'avoir trahi la révolution en magouillant avec Kvarner ? Kvarner, toujours vivant entre tes mains, est la preuve même de ta trahison.

– Isabel, tu es ignoble. Va-t'en.

– Non je ne m'en irai pas. Je ne défends pas seulement ta vie mais la mienne. Et peut-être celle de mes enfants. Je sais que Santos insinue que Kvarner m'aurait envoyée à toi pour infiltrer le syndicat.

– Et pourquoi pas ? Je comprendrais mieux pourquoi tu veux tant que Kvarner disparaisse. C'est un témoin encombrant !

Isabel eut l'air égaré.

– Thomas, tu es fou ! D'ailleurs, dans ce cas, pourquoi aurais-je milité pendant que tu n'étais pas là ?

– Mais parce que c'était le syndicat que tu devais infiltrer, pas la guérilla. Moi parti, il fallait aller à la source.

– Thomas, tu ne peux pas croire une chose pareille !

– Si. Et Kvarner me dira si j'ai tort. Au point où il en est, il parlera.

Isabel eut un rictus méprisant.

– Alors, Thomas l'humaniste va se mettre à torturer maintenant !

– Rassure-toi. Ce ne sera pas nécessaire.

Il lui tourna le dos et sortit. Isabel, effondrée, entendit son pas clopiner sur le ponton, puis le bruit se perdre dans l'humus du sentier.

Thomas se dirigea vers la cabane construite pour Kvarner, parfaitement dissimulée. Dix simba patrouillaient autour, là où deux auraient amplement suffi. Qui avait donc fait quintupler la garde ? Et pourquoi ? Tout lui semblait soudain dérisoire. Y compris d'aller interroger Kvarner. A quoi bon s'humilier devant lui ? Il serait trop content. Thomas entendait déjà le ricanement du vieux. Il comprenait maintenant pourquoi Kvarner était venu : pour lui infliger cette humiliation, lui signifier que même sa vie amoureuse était une supercherie. Il ne lui donnerait pas cette joie.

Il prit le chemin du bord de l'étang et contempla les oiseaux qui l'avaient tant émerveillé il y avait à peine une heure.

Retournant à la paillote, il vit Kagamé qui l'évita.

II

Santos avait regardé les simba s'éloigner de cette démarche dansante et rythmée qu'ils ont même dans les circonstance les plus graves.

Santos, lui aussi, avait envie de danser, de rire, de pleurer de joie. Il la tenait enfin, sa victoire. Une victoire totale. Il allait pouvoir enfin la mener jusqu'au bout, sa révolution. Lui, Santos, allait arriver à accomplir ce que l'Histoire avait refusé à Padmore, Garvey, Fanon. Jamais il n'avait ressenti pareille exaltation, une joie aussi démente. Si, à Stalingrad. Ça avait été un moment somptueux.

Son regard se ternit. Il venait de se rappeler que la seule fois où il avait reparlé de Stalingrad, c'était avec Kim, dans la montagne, la nuit. Il y avait si longtemps. Dieu ! Que Kim lui manquait. Comme ça aurait été bon de vivre ça ensemble. Kim aurait compris qu'il fallait aller jusqu'au bout. En finir avec Kasongo. C'était la seule solution.

Pauvre Kasongo. Idéaliste, humaniste inculte, courageux, déterminé, loyal, bon stratège. Et exécrable politique. Kasongo qui, dans son indécrottable foi en l'homme, pensait qu'il suffisait de chasser les Blancs pour établir un pouvoir noir. De chasser le capitalisme pour instaurer la fraternité entre les hommes. Car il y croyait, à la fraternité humaine. Ça devait lui rester de l'école des pères. Il devait se prendre pour le Christ, se sentir investi d'une mission. Il ne voyait plus que le temps du rachat, du pardon. Décidément, la révolution n'est pas l'affaire des enfants de chœur ! Thomas voulait bien mener la guerre pour libérer les pays opprimés par des puissances étrangères, rendre leur dignité aux peuples crevant de faim, infestés par les vers intestinaux, écrasés de travail, tremblant de fatigue, de fièvre ou de peur, mais il ne voulait plus s'en donner les moyens. Dans sa candeur de petit cureton, avec ses vues étroites de petit syndicaliste, il ne pensait qu'à préserver les ressources des Noirs, sans comprendre que tout recommencerait demain. Tant qu'il y aurait une once d'uranium, une pépite d'or, un litre de pétrole, un carat de diamant, ça recommencerait. Et échouer à Uvonia, c'était retarder la révolution en marche. Au fond, Kasongo n'avait jamais compris que la révolution devait être totale, radicale.

Santos respira profondément et alluma un nouveau cigare. Pauvre Kasongo, décidément. Par une cruelle ironie du sort, il avait fallu que ce soit Kagamé qui fournisse l'élément qui allait faire tomber son idole.

Santos était trop fin pour croire un instant que Kasongo s'était laissé circonvenir par Kvarner. Il sentait que son refus absolu de tuer tenait à une sorte d'humanisme, ou de vieux réflexe chrétien. Lui aussi était parfois las de tuer. Mais la révolution ne peut s'embarrasser de ces scrupules. Elle ne peut pas être entravée par des illuminés christiques au cœur tendre. S'arrêter, se reposer, réfléchir, c'était s'exposer à la défaite. Aujourd'hui, le drapeau du Front flottait sur le bastion impérialiste le plus puissant d'Afrique centrale, mais demain ce serait encore et toujours la guerre. Et voilà que Kasongo voulait épargner les mines au nom de l'avenir des mineurs, épargner Kvarner au nom du pardon. Foutaises !

Il n'avait rien contre Kasongo. Ça avait été un compagnon efficace, discret, fiable. C'était aujourd'hui un obstacle dangereux. Il fallait qu'il disparaisse. Kasongo mort, Santos pourrait faire sauter les mines et couper pour toujours le cordon ombilical de l'Afrique centrale avec l'univers des Blancs. Au Maniéma allait naître une République libre d'hommes noirs. Une République indestructible.

III

En bon stratège, Santos n'avait pas jeté tous ses combattants dans la bataille. Il avait retenu les plus sûrs auprès de lui. C'était de très jeunes hommes, au visage enduit de blanc, couleur de guerre. Ils avaient livré ensemble d'innombrables combats, des forêts du Soudan jusqu'aux rives boueuses du fleuve. C'étaient des hommes déterminés, d'une loyauté à toute épreuve et d'une confiance aveugle. Il n'avait eu aucun mal à les convaincre d'aller arrêter Kasongo, « le traître Kasongo », dans sa cabane à l'embouchure de l'Alila, près du grand étang.

Le tribunal révolutionnaire était convoqué à la tombée du jour. Et la foule avait été rameutée à grand renfort de haut-parleurs. On s'était bien gardé de préciser le motif du rassemblement.

ONZIÈME PARTIE

I

Les tambours sacrés faisaient trembler la terre. Leur roulement sombre remplissait l'espace. Des montagnes sauvages et du marais, des villages lointains et des cases toutes proches, des torches, par milliers, convergeaient vers Uvonia. Des cortèges de feu immenses et pourtant croissant sans cesse s'engouffraient dans les ruines de la ville.

Devant la cathédrale Sainte-Anne, la place grouillait d'hommes, d'enfants, de femmes et de chèvres. Le clocher à demi détruit se dressait dans le brouillard transparent qui traînait sur les décombres. Le long de l'avenue de Minsk quelques bâtisses fumaient encore.

De temps à autre, des éclairs déchiraient le ciel. Le tonnerre roulait sur l'horizon. Loin, très loin, près de l'aéroport et au-delà du fleuve, des mercenaires se battaient toujours.

Debout sur la tribune construite le long du cimetière, entouré des membres du gouvernement révolutionnaire, Malcolm Santos attendait son prisonnier. Derrière lui, plusieurs blindés dressaient leur canon, formant une haie inquiétante. Ces chars étaient l'orgueil de Santos. Si les choses tournaient mal, ils couvriraient sa retraite.

Santos contemplait la foule. Plus de cent mille personnes, portant les costumes, les ornements et les pagnes de presque tous les peuples d'Afrique centrale. Leur masse se déployait jusqu'à la palmeraie et très loin derrière la cathédrale, sur toutes les routes avoisinantes, jusque sur les toits des immeubles. Des quartiers africains, des villages des plateaux et des cases flottantes du marais, de très loin et de partout, les paysans wagéma et kuru, les Baluba des mines, les Bafulero, les Bashi, les Lunda et les Batutsi continuaient d'affluer sur la place.

Des milliers de visages, taches noires dans la nuit grise. Mais aucun sourire, aucun chant, aucun signe visible de la joie immense qui pourtant aurait dû animer la foule. Une panique inavouée les poussait vers Santos. Et Santos se savait le plus fort. Entre lui et ces gens, les armes étaient inégales, les cartes truquées. A l'instinct tumultueux, irrépressible de la masse, à sa peur diffuse et croissante, il opposait son intelligence, sa lucidité, son habileté tactique. Il savait parfaitement ce que chacun de ces cerveaux pensait : Lumumba avait dit qu'un plus grand viendrait après lui pour achever son œuvre. Et pour eux, c'était Kasongo. Trois ans de guerre atroce, des discussions innombrables et l'infinie patience des commissaires politiques n'avaient pas réussi à vaincre cette croyance absurde. Avec une efficacité incroyable, ce mythe avait détourné ces hommes et ces femmes d'une claire perception de la réalité. La guerre n'avait pas élargi leur conscience. Même leur victoire, issue d'une méthode de guérilla nouvelle, leur semblait un don des dieux, le fruit de leurs seules formules magiques, de leurs seules prières ancestrales. L'Antillais n'en revenait pas : capables de témérité et de sacrifices inouïs, ces gens continuaient à choisir, contre leur dignité, les mirages humiliants des superstitions. Victimes de l'imposture, ils vénéraient un homme.

Lorsque les commandos azande et leur prisonnier atteignirent la place, le commandant en chef fit allumer les phares des blindés. Les faisceaux blancs balayèrent le pavé avant de converger sur Kasongo. La foule le reconnut et recula instinctivement. Le prisonnier était isolé des siens. Il leva ses mains menottées pour protéger ses yeux. Un murmure craintif se propagea sur la place.

Amplifiée par des dizaines de haut-parleurs disposés alentour, la voix haut perchée de Santos s'éleva :

– Peuple du Maniéma, hommes et femmes d'Uvonia. Citoyens ! Ce soir le monde entier a les yeux fixés sur vous. Vous allez juger cet homme. C'est un traître à notre cause, un imposteur. Il a réussi, des années durant, à usurper le nom glorieux de Lumumba. Mais la vigilance de nos camarades simba vient de le perdre. Depuis longtemps, nous soupçonnions son crime. Jamais nous ne trouvions des preuves. Aujourd'hui, je les possède.

Des murmures hostiles s'élevèrent. Pas contre Kasongo. Contre lui. Santos comprit qu'il avait sous-estimé la mystérieuse connivence qui unissait la foule au métis.

Dérouté, il observa le prisonnier. De temps à autre, il se pliait en deux, pressant ses mains contre son ventre. Il souffrait, il suait à grosses gouttes, mais visiblement il n'avait pas peur. Il semblait résigné. Il n'avait d'ailleurs opposé aucune résistance au commando azande et n'avait pas même protesté quand on lui avait ordonné de troquer son uniforme de commandant de brigade contre un simple maillot blanc, un short de mineur et des sandales. Son regard balayait anxieusement la place, cherchant quelque chose ou quelqu'un. Isabel ? L'argument massue de Santos ! Délaissant son texte, il improvisa.

– Kasongo, que vous croyiez si dévoué à la lutte du peuple noir, vit avec une Blanche.

La foule réagit. Un léger grondement. Il avait touché juste.

– Et quelle Blanche ! La maîtresse de Kvarner.

Là encore, il avait fait mouche. A partir de ce moment, chacune de ses phrases fut ponctuée par la foule.

– Oui, le secrétaire général du syndicat des mineurs couchait avec la femme du président-directeur général de la Compagnie minière du Haut-Maniéma.... Oui, Kasongo avait la même femme que Kvarner.

La masse était mûre maintenant.

– Qui a donné l'ordre de grève générale en septembre ?

– Kasongo.

– Qui a fait mitrailler les grévistes des cités de l'intérieur ?

– Kvarner.

– Qui a prévenu Kvarner de l'imminence de la grève générale ?

La foule ne savait pas. Santos hurla :

– La femme de Kasongo. Et qui a fait torturer à Uvonia ?

– Kvarner.

– Qui lui a donné les noms des militants à torturer, à fusiller ?

– La femme.

La foule n'arriverait pas à accuser Kasongo, même indirectement. Il fallait encore l'échauffer.

– Qui de vous n'a pas dans sa famille une mère, une épouse, une sœur violées, un enfant mutilé ? Qui de vous n'a pas perdu un père, un fils, un époux, un frère, fusillés par les mercenaires, abattus par les Flèches noires, torturés par Cermier ?

Un horrible silence pesa sur la place.

– Mais qui est aujourd'hui vivant, malgré ces crimes ?

La foule retenait son souffle, suffoquée par un mélange d'angoisse et d'excitation.

– Qui est aujourd'hui vivant grâce à Kasongo ? Kvarner. Oui, Kvarner. Kvarner qui est allé retrouver Kasongo sur le bord du delta. Kvarner qui savait que jamais on ne viendrait le chercher là. Kvarner que nous cherchions à travers toute la ville. Kvarner que nous croyions mort.

Il fit une pause, pencha son grand corps en avant, les deux mains sur la balustrade, et hurla :

– Kvarner est vivant.

La foule était trop pétrifiée pour réagir. Il fallait la secouer. La faire participer. L'obliger à participer.

– Et qui a protégé cet assassin ?

A la place de la clameur qu'il attendait, il n'y eut que

quelques murmures. Sentant qu'il avait trop joué avec les émotions de cette masse instable et incertaine, il s'apprêtait à la rassurer par quelques longues phrases, à la laisser se ressaisir avant de la lancer à nouveau, quand il vit danser des pointes de feu à la lisière de la foule immobile. Comme si des hommes se frayaient un chemin en agitant leurs flambeaux. Un insistant murmure se propageait depuis ce trait de lumière. La marée humaine commençait à s'écarter sur son passage. Il lui faudrait à peine cinq minutes pour remonter vers l'estrade.

On tendit un message à Santos qui confirma son pressentiment : une femme avait tué Kvarner dans une cabane du delta.

Santos ne tenait plus sa preuve. Et les hommes qui s'avançaient le savaient. C'était sans doute Hatima et les siens. Il fallait faire vite :

– Kasongo a trahi. S'il a toujours voulu épargner les mines, ce n'était pas, comme il l'a prétendu, pour préserver votre avenir mais pour préserver la fortune de Kvarner. Et qu'est-ce que ça veut dire ? Ca veut dire qu'il pensait que Kvarner redeviendrait maître de la mine. Tous vos morts, pour rien. Les torturés, pour rien. Des années de guerre, de sacrifices et de souffrances, pour rien.

A nouveau, la foule réagissait, bougeait au rythme de ses phrases, se refermant sur la petite colonne, ralentissant sa progression. Santos avait encore un peu de temps. Du haut de son estrade, la voix amplifiée par les haut-parleurs, il s'adressa à Thomas.

– Kasongo, nies-tu avoir vécu avec la femme de Kvarner ?

Nul n'entendit la réponse de Kasongo, immobile, épuisé.

– Il ne nie pas, car c'est vrai.

Théâtralement, il baissa à nouveau la tête vers le prisonnier.

– Kasongo, nies-tu avoir laissé Kvarner en vie quand il était entre tes mains ?

Il se redressa et hurla :

– Il ne nie pas, car c'est vrai.

Santos savait que, pressé par l'avance des partisans de Kasongo, il allait trop vite en besogne. Que la foule à moitié convaincue ne répondrait plus. Qu'il fallait faire les questions et les réponses. Et en finir au plus vite.

– Kasongo a magouillé avec Kvarner, l'ennemi du peuple. Kasongo a protégé la fortune de Kvarner, l'ennemi du peuple. Kasongo est devenu l'ennemi du peuple. Il a trahi le peuple. Il n'y a qu'une seule punition pour ces crimes. La mort.

Citoyen Kasongo, avez-vous quelque chose à dire pour votre défense ?

Au milieu du cercle lumineux, le prisonnier leva la tête, regarda les visages qui le contemplaient, gênés. Sa voix s'éleva, soudain puissante et chaude, rebondissant sur les murs de la cathédrale :

– Mes sœurs, mes frères. Je ne vous ai pas trahis. Je…

Une rafale de mitraillette couvrit sa voix. Les phares s'éteignirent brusquement. Il n'y avait plus qu'un cadavre sur la place, les bras en croix, et une foule plongée dans les ténèbres et saisie d'effroi.

Profitant de la stupeur, Santos et les membres du Conseil sautèrent sur un blindé et opérèrent leur retraite.

Quand Hatima et Kagamé arrivèrent sur la place, Thomas gisait toujours les yeux grand ouverts. Personne n'osa le toucher.

C'est en vain qu'Isabel avait tué Kvarner. Kasongo était mort. Leur espoir était mort.

ÉPILOGUE

En novembre 1964, les présidents Johnson et de Gaulle, appuyés par les Belges, décidèrent de reconquérir l'Afrique centrale. Venus de leurs bases du Maroc, du Gabon et de l'île de Sal, dans l'archipel du Cap-Vert, les Hercule américains larguèrent les parachutistes belges sur Stanleyville, à l'aube du 26 novembre. Dix jours plus tard, les Occidentaux attaquèrent Uvonia. Après d'intenses bombardements sur les ruines de la ville, les parachutistes sautèrent sur Uvonia. Démunis de tout, beaucoup de mineurs, dont Hatima, se transformèrent en bombes humaines. Des bâtons de dynamite fixés autour de leur taille, ils se jetèrent sur les automitrailleuses et les Jeep des envahisseurs et explosèrent avec les véhicules et leurs équipages.

Dans la ville en flammes, la résistance des unités de l'armée rebelle, des commandos azande et des milices révolutionnaires constituées après la libération, fut désespérée. En dépit de son héroïsme, la nouvelle République ne put résister, vaincue par les bombes à fragmentation et le napalm. Après trois jours de combats, les champs miniers et les ruines d'Uvonia étaient retombés entre les mains des Européens.

Comme des milliers d'autres habitants de la ville et des réfugiés regroupés dans les faubourgs, Isabel, ses enfants, son frère, sa sœur et sa mère périrent dans les bombardements. A Léopoldville, les Occidentaux victorieux installèrent un nouveau dictateur, colonel de l'armée gouvernementale,

Joseph Désiré Mobutu, qui fit rappeler Cermier alors en Afrique du Sud.

Quant à Malcolm Santos, après l'exécution de Simon Kasongo, il s'était durement affronté aux dirigeants du syndicat qui continuaient toujours d'occuper les mines et refusaient de les inonder. Dans ce conflit irréductible, les uns défendaient l'avenir de leur pays ; l'autre, l'étranger, sa stratégie universelle de destruction des sources de matières premières de l'Occident. Les mineurs surent imposer leur loi à Santos. Mais le débarquement des parachutistes lui donna tardivement raison : jamais les Occidentaux n'auraient cherché à reprendre seulement une ville en ruine perdue dans la forêt. Ils ne revenaient que pour les mines.

Avec une centaine de ses fidèles, Santos se retrancha dans les volcans inaccessibles de Fizzi et de Baraka, à trois mille mètres d'altitude au-dessus du lac Tanganyika. De son repère il tenta, pendant plusieurs années encore, de soulever les populations alentour. Progressivement il sombra dans une sorte de délire : s'autoproclamant « empereur de l'Afrique », il jurait de raser de la surface de la terre toute ville, village ou hameau où vivait un seul homme blanc.

Un matin de la saison sèche de l'année 1975, une sentinelle gouvernementale postée à l'entrée du village de Nugusa vit sortir de la brume un immense Noir, chauve, titubant, les haillons d'un uniforme des troupes rebelles pendant de sa carcasse décharnée. L'Africain reconnut Santos et le tua.

RÉALISATION : PAO ÉDITIONS DU SEUIL
REPRODUIT ET ACHEVÉ D'IMPRIMER SUR ROTO-PAGE
PAR L'IMPRIMERIE FLOCH À MAYENNE
DÉPÔT LÉGAL : FÉVRIER 1996. N° 28325 (38825)

